U0164997

陈有和 著

MENGYUANSHI
YANJIU TANWEI

蒙元史研究探微

人民出版社

中国蒙古史学会成立大会全体代表合影留念（1979.8.12 呼和浩特），第四排左起第15位为本书作者。

中国元史研究会成立大会留影（1980.10 南京），第三排右起第5位为本书作者。

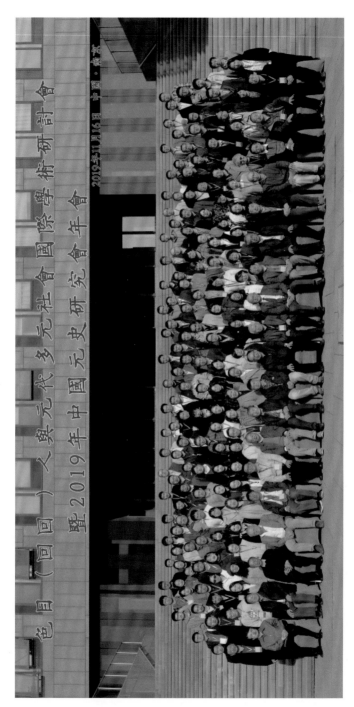

色目（回回）人与元代多元社会国际学术研讨会暨2019年中国元史研究会年会（2019.11.16南京），第一排左起第9位为本书作者。

序　言

韩志远

　　有和兄把多年研究蒙元史的论文结集出版，委托我写几句话，作为序言。记得几年前我曾写过一篇《蔡美彪先生的五不境界》的文章，其中境界之一是，"不给人写序"。蔡先生以顾炎武"人之患好为人序"为座右铭，他的理由是："要为别人的著作写序言，就必须对著作的旨趣有深切的了解，对著作中研究的问题也做过相当的研究。"像蔡先生这样的学问大家，尚且不给人写序，而我才疏学浅，更无给人写序之理。本想推辞，但有和兄的两句话深深打动了我：一是说我最了解他；二是他得了结肠癌，而且是晚期。因此，我答应下来，写上几句话。目的是想使读者了解著者研究蒙元史的心路历程，或许可以对理解本书的内涵有所裨益。

　　我与有和兄结识已有四十多年，是亲密无间的好友。《中国通史》一书是我们俩结缘的媒介。1975年，我从北大历史系毕业到中国科学院近代史所（后改为中国社会科学院近代史所）通史编写组工作。当时通史组的任务是继续范文澜先生未竟事业，编写《中国通史》。主持这项工作的是蔡美彪先生。我到所里时，停顿了近十年的《中国通史》工作，又开始从第五册宋代编写。当年蔡先生分给我的任务是参与第五、第六册选图、编索引，为第七册元代提供元末农民起义章节初稿等。人民出版社是《中国通史》编辑出版单位。我的另一个任务是与出版社接洽、送交稿件，转达编辑意见。因此，认识了《中国通史》的责编之一有和兄。我与他一见如故，基于我们有很多共同之处：我们同庚，同为老三届，同年大学毕业，同是读历史系，他毕业于1975年南开大学历史系。与他接触中，感觉他精力非常充沛，对工作极端热忱。这和我之前交往的老编辑风格截然不同。尤其编辑第七册元代时，有和兄经常到近代史所通史组来，与蔡先生商量书稿之事，从而使编写工作开展得很顺利。

通过编辑《中国通史》，有和兄与蔡先生成为忘年交。蔡先生向来对人要求严格，但在我面前常夸赞有和兄。后来有和兄调离历史编辑室，升任社领导，然而，有关通史事宜，蔡先生还是让我找他。中国社会科学院组织摄制学部委员系列片——情系千秋青史蔡美彪，陈有和作为片中的被采访者，介绍蔡美彪和《中国通史》编纂，也是蔡先生推荐的。有和兄给蔡先生拍过不少照片，连蔡先生去世所用的遗照也是有和兄之前拍摄的。编辑与作者之间的关系能达到如此融洽，在学术界是不多见的。《中国通史》荣获国家图书奖，包含着有和兄的一份贡献。

20世纪80年代前后，是学术发展的重要时期，人民出版社是出版界的翘楚，历史编辑室承担的任务很繁重。有和兄不仅是《中国通史》的责编，还是韩儒林先生主编《元朝史》、杨志玖先生著《元史三论》、南京大学元史研究室编辑《元史论集》的责编，为当时元史学科的发展做出了一定的贡献。更难能可贵的是，他不满足仅仅做一个合格的编辑，而是不断进取，努力使自己成为具有蒙元史学术专长的学者。这期间的付出是常人很难做到的。正因为如此，他被新成立的"中国蒙古史学会""中国元史研究会"，蒙元史学界的两个国家级学术团体接纳为首批会员，后来又分别被两个学会选为理事。

有和兄是这两个学会的积极参与者，我每次参加学会活动时都能看到他的身影。即使当了社领导，仍然积极参加蒙元史学术研讨会。而且，每次与会时，必事先写好论文，进行学术交流。会议期间，他经常被组委会安排主持报告会和评议人，他从不推辞，认真负责地完成任务。他的专业素养和热心为大家服务的精神，受到学会同人的一致好评。

这次结集出版的论文，大多是他参加学术会议写的论文，其中有不少篇我很早就拜读过。我认为，有和兄研究蒙元史的特点主要有以下几点：

一是历史与现实结合。作者的论文视野很广博，研究领域涉及蒙元史的政治、经济、文化、中外关系等领域。他研究历史，通常不只是就事论事，还关注现实。例如，《成吉思汗文化遗产的传承与开发》《成吉思汗与伊金霍洛的旅游文化经济》《神臂城的历史与现实意义》《武胜宋（蒙）山城遗址的保护和利用》等文章，都是通过历史的考察来论述现实的意义。这种研究历史方法，较比钻故纸堆远离现实的学院派治学方式，更值得提倡。

二是文献与考察结合。作者是一位既关注文献，又重视实地考察的学者。他的多篇论文都反映出这一特点。例如，《"忽世歹"考》一文，作者是在山西夏县挂职副县长时，审读扶贫项目新编《夏县志》稿的工作中，发现"古墓葬"内容中的"忽世歹坟"条目，内容很简略，但涉及元代忽必烈家族。作者以蒙元史学者的眼光，敏锐地发现其中的价值。于是，不仅查阅前代方志，而且几次前往实地考察，并发现元代墓碑。通过文献与实地考察，纠正了前代方志和《夏县志》稿中的错讹。随后，作者将心得撰文发表。刊发前还就稿件内容征求了不少学者的意见，尤其是蒙元史大家周清澍先生阅后给予首肯。

三是宏观与微观结合。作者文集中，有多篇分量很重的论文。例如，《论忽必烈时期的几次对外战争》《忽必烈征日的原因及其历史影响》《元代海上粮运考》等。阅读这些论文会发现，作者不仅在宏观上整体把握论文的布局结构，而且在微观具体的研究中做到了深入细致，从而使论文达到了相当的水平。

四是重视文字表述。作者长期从事编辑工作，对于文字的表述非常重视。他的论文，文字简洁，语法规范，逻辑性强，立论谨严，在史学论文中是不多见的。

以上仅列举有和兄论文的几个特点，其实他的论文还有多方面的优点。读者在阅读后，一定会有更多的发现。在这本文集出版之际，我衷心祝福有和兄能战胜病魔，继续从事他所热爱的编辑和学术事业。

二〇二二年七月三日

目　录

元世祖忽必烈[*]

    元朝的开国皇帝忽必烈，从小就英俊聪颖，才识过人。成年之后，由于能征善战，智勇双全，他被宪宗蒙哥汗委以重任，统辖漠南汉地的一切军政大事。他"思大有为于天下"，在潜邸广招四方有识之士，纵论时政，询求治国大略，考究兴衰道理，学习汉文化，实行屯田，整饬吏治。所以他的"爱民之誉、好贤之名"很快传布开来。许多治国的俊才，如姚枢、刘秉忠、张文谦、郝经等都在这时聚集到了他的身边。后来这些人，大都成了元朝的名臣。

    13世纪中叶，蒙古骑兵先后统一了畏兀儿、西辽，并灭亡了夏、金，接着继续策马南进，大举攻宋，准备统一全中国。公元1253年忽必烈奉命与兀良合台率领大军远征云南，途中取道西藏，击败了当地反抗的吐蕃军队，使处于四分五裂的西藏地区归于统一，从此成为中华民族不可分割的

---

* 原文发表时篇名为《元世祖忽必烈——世界上杰出的政治家》，收入本书时改此名。

一部分。在攻宋的战役中，蒙哥身亡，为了争夺汗位，忽必烈与其弟阿里不哥之间展开了长达四年之久的战争。公元1260年三月，忽必烈废除了蒙古贵族选汗的旧制，在部分诸王的推戴下，宣布即位，并依据汉族封建王朝的传统，颁布即位诏，自称皇帝，定当年为中统元年，开始建元纪岁，以表明自己是中原王朝的继承人。这是忽必烈采取"汉法"的重要标志，也是他按照中原封建王朝的规格改造大蒙古国所跨出的第一步。

公元1264年忽必烈战胜了阿里不哥，接着又迅速平定了李璮之乱，对于巩固刚夺取的政权，巩固蒙汉各族地主阶级的联合统治，避免出现分裂割据的局面具有重大的意义。1271年十一月，忽必烈发布《建国诏书》，改大蒙古国号为"大元"，从而表明自己统治的国家，已不是一个区域性的蒙古政权，而是中原封建王朝的继续。他决心实现全国的大统一。次年二月，改"金中都"为"大都"，宣布为元朝的都城。1276年元军破临安。1279年二月，宋朝最后一个小皇帝赵昺投海死，至此南宋亡。忽必烈多年来大统一的愿望终于实现了。

元朝的统一，结束了自唐代后期以来军阀割据，以及宋、辽、夏、金及吐蕃、大理等几个民族政权长期并立的分裂局面，基本上奠定了中华民族的版图，对我国多民族国家的进一步巩固和发展十分有利。忽必烈知道，要治理好元朝这样一个"北逾阴山，西极流沙，东尽辽左，南越海表"的封建大国，再用蒙古游牧社会那种旧的统治方式来强加于经济文化发达的中原地区已经不行了，"必若今日形势，非用汉法不可"。

忽必烈作为蒙汉各族地主阶级的总代表，为了稳定封建社会秩序，他定朝仪、立官制、制法律、建学校、从中央到地方建立起一整套封建统治机构，尤其是行省制的建立，有力地巩固了中央集权，密切了中央与边远地区的联系，对维护祖国的统一起着重要的纽带作用。

忽必烈即位之初就诏示天下，"国以民为本，民以食为本，衣食以农桑为本"。他懂得，只有恢复和发展农业生产，才能安定社会秩序，保证国库充实，使新王朝得以巩固。他"以农桑为急务"，设立"司农司"等管理农业的政府机构，以劝农成绩为考核升迁官吏良莠的标准；编写《农桑辑要》指导农业生产，清理并限制豪强霸占土地和"驱口"，禁止毁农田为牧地，扩大屯田，开垦荒地，安辑流亡，兴修水利，改进农业生产技术。这一系列重农政策的实施，有力地促进了元初农业经济的恢复与发展，"丛棘灌莽，尽化膏沃"。至元中期时，国家年收入税粮达一千二百余万石。棉花种植在元代也开始普及，农业生产的发展推动了手工业、商业的发展，同时又促进了科学技术水平的提高。南北运河的沟通，大规模的天文观测、《授时历》的颁行都是在至元年间完成的伟大事业，元朝进入了它的鼎盛时期。

忽必烈晚年，思想发生了变化，从积极进步转为消极保守。他知道，为了稳定统治，不能不实行"汉法"，但他也同样看到，如果没有民族特权，蒙古贵族就保不住自己的统治。要维护特权，就必须推行民族压迫政策。元朝时期的

"四等人制",虽然没有明确颁布,但它反映在不同人群政治、法律地位以及其他权利和义务方面的诸多不平等规定中。这种民族分化政策,其后构成元王朝统治秩序的一个很大特点,不少蒙古旧俗也被作为一代定制而保存了下来。晚年的忽必烈,老耄病弱,相臣很难见到他,只能通过年轻的南必皇后以奏事。他倚靠近侍,整日谗言濡耳。他还不顾人民的反对和大臣的劝谏,大兴黩武之师,伐日本,侵安南、占城、缅国,以及远征爪哇,弄得劳民伤财、府库空虚,民不聊生,激而成变。为了聚敛钱谷,忽必烈先后任用阿合马、卢世荣、桑哥理财,结果"物重钞轻,公私俱弊"。此时的元朝,"内而朝廷,外而州县,无一事无弊,无一处无病"。

公元 1294 年春,忽必烈病逝,终年 80 岁。纵观其一生,他统一了中国,建立起中国历史上疆域最大的元帝国。他从巩固封建统治出发,顺应历史潮流,"鼎新革故",知人善任,推行"汉法",使元代的社会政治、经济逐渐走向稳定与发展,他还重视和扩大了中西经济、文化的交流。但其晚年转向消极和保守,并多次对外兴兵,表现了他的局限性。忽必烈是中国历史上也是世界历史上的一位杰出的政治家,他的历史功绩是应当肯定的。

原载《中国的世界纪录》(历史卷),湖南教育出版社1990 年版。

发达的元代中西文化交流

　　元朝是中国历史上对外关系发展的极盛时代。传统的陆路、海路交通范围比前代更为扩大，来往也更加频繁。成吉思汗等的西征，使蒙古统治地域西达里海南北和波斯湾地区，在这个广阔的境域之内，旧的疆界扫除殆尽，元朝与钦察汗国、伊利汗国有驿路相通，来往极为方便，"适千里者如在户庭，之万里者如出邻家"。

　　发达的中西交通，有力地促进了中国与西方各国的经济、文化的交流。元朝政府容许和鼓励各国商人在境内经商或经营国际贸易，蒙古贵族利用回回商人为之牟利，给予种种特权，因而各国商人来华者极多。元朝政府统治者对各种文化采取兼容并蓄政策，大大增进了东西方文化的互相渗透。中国的印刷术、火药等重大科学发明，都在这一时期传入西方。波斯、阿拉伯素称发达的天文、医学等成就，也大量地被介绍到中国来。

　　旭烈兀西征时，蒙哥征集了一千名中国的抛石机手、火炮手（或火枪手）、弓弩手从军，并带去了大量武器。中国的火药武器及制造技术由此开始传入波斯、阿拉伯等国家，并通过这些国家传到欧洲。同时旭烈兀还从中国带去了不少精通天文历数的学者和医生，后来这些人多留居波斯，波斯著名天文家纳速剌丁·徒昔奉命建蔑剌合天文台，编纂《伊利汗天文表》，均有中国学者参加工作，徒昔还向他们学习了中国天文推步之术。伊利汗亦邻真朵儿只（海合都）奢侈无度，滥行赏赐，弄得国库空虚，为了应付这窘困局面，企图仿照元朝发行纸币。他请元使臣孛罗丞相指教钞法，其所印之钞及行用制度，与元朝全同，虽行用仅两月，但影响颇大，波斯、阿拉伯人因此认识到世界上最早实行的中国纸币制度，以及中国的雕版印刷技术，至今波斯语尚称纸币为"钞"。合赞汗时，整顿驿站制度，颁发乘驿圆牌，其法亦仿自元朝。拉施都丁奉合赞之命编纂的《史集》，得到不少寓居波斯的中国学者相助。他在这部具有极高史料价值的名著中，多次提到为他提供最丰富的史料、给予他最大帮助的是孛罗丞相。可以说该书中蒙古史和元史的某些部分是他们两人合作的产品。1313 年拉施都丁还主编了一部关于中国医学的百科全书《伊利汗的中国科学宝藏》，介绍中国历代医学成就。

　　中国和波斯、阿拉伯国家的古代医学都很发达，而且早就互相交流了。在元代，医学方面的交流得到更大的发展。叙利亚人爱薛精通星历、医药之学，贵由在位时来蒙古，后入忽必烈藩府。忽必烈即位后，命掌西域星历、医药二司事。后来改置广惠司，"专掌修制御用回回药物及和剂"，并将爱薛在大都所设的"京师医学院"并入，仍命他掌管。

大都、上都还各设有回回药物院，配制御用药物。回回医生除服务于宫廷、京师外，还有不少散在各地民间行医，很受当地人民欢迎。各种西域药物、医法及学术著作输入中国，丰富了中国的医学宝库。

早在成吉思汗时期，波斯、阿拉伯历法就被介绍到中国，耶律楚材还编了一部《麻答巴历》。忽必烈居藩时，征召回回星历学者，波斯天文学家扎马鲁丁应召东来，后主西域历司，至元四年撰进《万年历》，并制造了一套西域仪象，包括浑仪、天球仪、地球仪等七种。至元八年元朝设立回回司天台，即以扎马鲁丁为提点，吸收了不少西域天文学者在其中工作。波斯、阿拉伯天文历法、数学、医学、史地等各类书籍于元时大量传入中国，仅秘书监所存者即达百万部，其中包括兀忽里底（欧几里得）几何学著作。现存明初刻本《回回药方》，即元人所译阿拉伯医书。阿拉伯学者赡思精通汉文，曾参与编纂《经世大典》，所著《西国图经》《西域异人录》等书，当系译介阿拉伯史地著作，可惜都早已亡佚。

元朝境内有许多木速蛮人，他们大都是蒙古西征以来从中亚、波斯各地所俘的工匠和平民，先后签调来的军队，入仕于元朝的官员和学者，以及来中国经商因而留居的商人，另外还有一部分是唐宋时期寓居中国的大食、波斯人的后裔。木速蛮在元代属色目人，在政治、经济和文化各方面都占有重要地位，享有许多特权。许多木速蛮上层人物成为元朝的高官显宦，在地方政府中担任要职的就更多了。他们还成为富商大贾，擅水陆之利。大批的木速蛮工匠，则被编入元朝政府或诸王贵族的工局，从事纺织、建筑、武器、造纸、金玉器皿、酿酒等各种行业的劳作。窝阔台曾令木速蛮工匠在和林北一日程的春季驻地建迦坚茶寒殿。忽必烈时，又有阿拉伯建筑家也黑迭儿参加了大都皇城和宫苑的建设。伊利汗阿八哈遣来的回回炮匠阿老瓦丁、亦思马因等，所造回回炮能发射150斤重的巨石，比中国原有的抛石机优良，于是元朝政府从全国各地括取匠人，成立回回炮手军匠万户府，在他们的指导下制造、使用回回炮。木速蛮的迁入，促进了中西手工业技术的交流和元代手工业的进步。

由于东西贸易的兴旺，输入中国的西域玉石、纺织品、食品以及珍禽异兽源源不断，满足了元朝宫廷、贵族、官僚、富豪的奢侈生活需要。元人忽思慧所撰《饮膳政要》，载有多种回回食物及烹调方法，其中的马思答吉汤（肉汤）、舍尔别（果汁）等物为元宫廷、贵族所喜爱。

元时，由于大批的中亚回回人入居中原，伊斯兰教亦随之广泛传播于中国各地。因此元朝不仅蒙、汉、波斯三种文字并用，而且喇嘛教、儒教与伊斯兰教三种文化并存。此外，元朝皇帝把各种宗教视为手的五指，采取兼容并蓄政策，所以也里可温（景教、天主教）、术忽（犹太教）也都占有一席之地，成为这个时期文化的组成部分。1245年，罗马教皇派普兰迦儿宾出使蒙古，他来中国时，有俄、波、奥等国商人同行。普兰迦儿宾于1246年到达和林，目的是劝蒙古大汗入教，但是没有成功。1252年法王派卢布鲁克到和林时，不少蒙古贵族已开始信奉基督教，和林也有了教堂。1289年意大利人约翰·孟特戈维诺奉教皇之命来中国，他在大都建立了四所教堂，受洗礼的教徒达六千人之多。他还收养了150名中国儿童，教他们学希腊文、拉丁文，把他们培养成为传教士。他还将《新约全书》译成蒙古文，在蒙古人中传教。教皇因其传教卓有成绩，任命他为大都大主教。

原载《中国的世界纪录》（历史卷），湖南教育出版社1990年版。

《马可·波罗游记》中的元代中国*

　　自从13世纪初年蒙古大军西征以后，东自中国，西抵欧洲，畅行无阻，来往行人，"道路相望，不绝于途"。意大利著名旅行家马可·波罗就在这时来到了中国。17年间，他几乎游历了整个中国，其间还一度奉使至今东南亚一带。公元1295年末马可·波罗返抵家乡威尼斯。不久因战争被俘，在狱中，他口述在东方的所见所闻，由同狱的鲁思梯谦诺记录成书，是为《马可·波罗游记》。游记以其巨大的艺术魅力，向意大利人和欧洲人描绘了古老的中国文明和奇异的东方世界，一经问世，立刻轰动了整个西方。600多年来，《马可·波罗游记》广为传播，成为世界上最吸引人的作品之一，几乎家传户诵，妇孺皆知。

　　《马可·波罗游记》全书共四卷，它记录了中亚、西亚、东南亚等地区的许多国家的情况，而其重点则是介绍在

　　* 原文发表时篇名为《世界奇观——〈马可·波罗游记〉中的元代中国》，收入本书时改此名。

中国的见闻。《马可·波罗游记》以热情洋溢的语言，记述了中国无穷无尽的财富，巨大的商业城市，便利的交通设施，以及华丽的宫殿建筑。其中篇幅最长的是关于元世祖忽必烈和华丽的北京宫殿的描述。马可·波罗说北京"全城地面规划有如棋盘，其美善至极，未可言宣"。对于皇宫的建筑，书中写道："宫顶甚高，宫墙及房壁涂金银，并绘龙、兽、鸟、骑士形象及其它数物于其上"，"大殿宽广，足容千人聚食而有余，房屋之多，可谓奇观。此宫壮丽富赡，世人布置之良，诚无逾于此者。顶上之瓦，皆红、黄、绿、蓝及其它诸色，上涂以釉，光泽灿烂，犹如水晶，致使远处亦见此宫光辉"，"此宫之大，所向未见"。书中还记述了北京贸易发达、商业繁盛的情况："百物输入之众，有如川流之不息，仅丝一项，每日入城者计有千车。""外国巨价异物及百物之输入此城者，世界诸城无能与比。"

马可·波罗在中国17年，到过许多的地方。他称杭州为行在，为天城，称苏州为地城。天城地城，也就是"上有天堂，下有苏杭"的一种译称。对于号称天堂的杭州，马可·波罗赞不绝口："谓其为世界最富丽名贵之城，良非伪语……城中有一大湖，周围广有三十哩，沿湖有极美之宫殿和壮丽之邸舍。"他认为"行在城所供给之快乐，世界诸城无有及之者，人处其中自信为置身天堂"。马可·波罗是商人出身，所以每到一地，对于物产商业情况，非常留心观察和记载，他在书中着重描述了扬州、瓜州、镇江、苏州、杭州等名城的繁华景象，并且专章谈到元代通用的纸币，以及中国最早发现和使用的煤。他还向西方介绍了中国做面条的方法，并一直在那里流传至今，成为威尼斯的一道名菜，名称就叫"马可·波罗面条"。

《马可·波罗游记》被称为"世界一大奇书"，它把"令人神往的中国文明"介绍到西方，打开了中古时期欧洲人的地理视野，在他们面前展示了一片宽阔而富饶的土地，为欧洲知识界开辟了一个新天地，其影响是巨大的。由于书中充满了人所未知的奇闻异事，一般人不相信东方有这样的一些国家和这样高的文化，将信将疑，甚至认为是谎言。相传马可·波罗临死时，他的亲朋好友认为他撒下了弥天大谎，死后会进不了天堂，要他忏悔，否认自己的游记，以"解放他的灵魂"。但遭到马可·波罗的坚决拒绝，并且郑重申明，他不仅没有言过其实，而且还为自己"所见的异事，尚未说到一半"而感到遗憾。他的这种坚定不移、实事求是的态度，使得世界上许多有识之士，冲破了传统观念和宗教谬说，相信了他的记述，从而扩大了对世界的认识。

14、15世纪欧洲的地理学家根据《马可·波罗游记》这部书所提供的地理新知识，绘制出中世纪最有价值的"世界地图"。如公元1375年著名的加泰隆地图、公元1410年的博尔贾地图，以及后来的利乐杜斯地图、毛罗地图、默凯特地图等都曾取材于《马可·波罗游记》。这是马可·波罗对地理学的重大贡献。《马可·波罗游记》还对15世纪欧洲航海事业起了重大的促进作用，葡萄牙的亨利·达·伽马、意大利的克里斯托弗·哥伦布等许多航海家、旅行家都曾细心阅读过《马可·波罗游记》，他们憧憬着中国、印度等国的文明富庶，并纷纷东来寻访，大大促进了中西交通和文化的交流，打破了中世纪西方神权的禁锢。在西班牙的塞维利亚市哥伦布图书馆中所藏哥伦布的遗物里，就有一部拉丁文的《马可·波罗游记》，书旁有许多哥伦布的批注，足见他对此书的重视。哥伦布在公元 1492 年那次著名的航行中，原是带着西班牙国王致中国皇帝的国书，要来中国和印度的，只是无意中航行到美洲。可以说哥伦布是在《马可·波罗游记》的指引下，"发现"了新大陆。哥伦布在生命垂危时还对弟弟巴托米说："希望你能把这次航行继续下去，一定要寻找一条通往中国的新航路。"此后很多地理上的发现，追本溯源，不能不归功于《马可·波罗游记》的影响。

原载《中国的世界纪录》（历史卷），湖南教育出版社1990 年版。

论忽必烈时期的几次对外战争

世祖忽必烈于景定元年（1260 年）三月夺得汗位以后，为什么在自己的统治地位尚不确定的情况下，即倾全国的大量财力、物力接连数十年发动了对日本、安南、占城、爪哇等国的远征呢？这一问题是元朝初年的一件重大事件，也是我们研究元朝政治史、军事史、对外关系史中的一个重要课题。但是由于种种原因，它多年来被研究者们忽视了，新中国成立以来几乎未能看到一篇与此相关的学术论文，即使是专论元朝历史的学术著作，对此也仅仅是一带而过，未能从宏观的角度去深入研究这一史实产生的原因及其对后来历史所造成的重大影响。本文拟就元初对外战争的历史背景、动因与目的，战争的结局及其对各国历史的影响作一初步探讨，以求引起广大同好的注意，使这一重要问题得到重视和研究。

一

弄清元初的历史情况，是探索忽必烈对外战争动因的出发点。

忽必烈是靠武力夺取汗位的。宋开庆元年（1259年）七月宪宗蒙哥在四川钓鱼城的攻宋战役中死去，消息传来，驻守和林的拖雷幼子阿里不哥依靠其支持者阿兰答儿、浑都海阴谋夺取汗位。正在湖北率军攻宋的蒙哥弟弟忽必烈当然也不甘示弱，一边遣军迎蒙哥灵舆，收皇帝玺，一边与宋缔结和约迅速北归。景定元年（1260年）三月，忽必烈抵达开平，立即召集东、西道诸王单方面召开忽里台，宣布即位，并定当年为中统元年，开始建元纪岁。五月，阿里不哥在和林纠集了一帮支持者也召开了忽里台，宣布为大汗。自此，忽必烈与阿里不哥兄弟之间，为了争夺汗位的权力，展开了长达四年之久的激烈战争。经过数次大战，至元元年（1264年），忽必烈以强大的军事实力迫使阿里不哥投降，漠北与中原地区恢复了统一。

忽必烈虽然夺得了汗位，但是他的统治地位并不稳固。"内难未戡，外兵未戢"①，危机四伏，他的政权面临着一系列严重的问题，需要立即去解决。

（一）李璮之乱。原红袄军领袖李全投降蒙古后，成了蒙古政权荫庇下的一支地方割据势力。李全死后，其子李璮继续踞有山东，并袭益都行省。1258年李璮南取涟水四城，势力大张。1260年忽必烈即汗位后，李璮被封为江淮大都督。中统三年（1262年）二月，正当忽必烈忙于同阿里不哥的汗位争夺，李璮错误地估计了形势，以为忽必烈无力顾

---

① 《元史》卷五《世祖本纪》二。

及于他，遂串通岳丈中书平章政事王文统里应外合发动了兵变，不久占领了济南。可是阿里不哥很快失败，忽必烈迅速抽调了兵力南下镇压。七月，李璮兵败，自杀未遂，被蒙古军俘住杀死。至元元年（1264年）李璮余党毛璋再次发动兵变，结果兵败被杀。李璮叛乱的发生强烈地引起了忽必烈对汉人的疑忌，他采取了一系列措施：废除了汉人诸侯的世袭制度；削弱私家权力；除真定董氏外解除了地方军阀的兵权；实行地方兵、民分治制度，实行易将制，使将不擅兵；置万户府监战，选宿卫士监汉军，取消汉人官僚的封邑。这一方面是为了加强中央集权，另一方面则是为了严密对汉人的防范，并在各级政权中引用色目人分掌事权，使之与汉人官僚相互牵制。至元二年（1265年）忽必烈正式宣布："以蒙古人充各路达鲁花赤，汉人充总管，回回人充同知，永为定制。"①

（二）诸藩之乱。窝阔台后王海都对大汗位被拖雷系夺走，一直心怀不满。当忽必烈与阿里不哥争位时，海都积极支持阿里不哥。阿里不哥败降后，即返还叶密立河，以大汗位当属窝阔台后裔为由，积极谋反自立为大汗。忽必烈屡次遣使诏之入朝，他都以"牧马尚瘦"为借口，拒不来朝。他联合术赤后裔诸王，占有窝阔台原有封地，扩张自己的地盘。对此忽必烈一时无力两顾，只得一面按年赐他银两、币帛与食邑，一面派在中原的察合台曾孙八剌回本汗国去夺取汗位。不料八剌回去后，却发动兵变，废黜了木八剌沙，自

① 《元史》卷六《世祖本纪》三。

立为察合台汗，继而又与海都沆瀣一气。至元六年（1269
年）海都同八剌等察合台后王、术赤后王于塔剌思河畔召
开忽里台，共推海都为盟主，一致对抗忽必烈和伊利汗八
哈，并誓约保持着游牧生活与蒙哥习俗。七年（1270 年）
八剌死，海都立察合台孙捏古伯为汗，但八剌诸子及阿鲁忽
诸子不服，举兵攻海都，于是出现了混战的局面。忽必烈针
对海都的威胁，为了加强对西北地区的控制，派太子真金驻
兵称海；派万户伯八、断事官刘好礼镇治吉利吉思、憾合
纳、谦谦州等处。迁去中原地区的农民、军人，进行屯垦，
同时设立人匠局组织管理迁去的各种工匠，并设立传舍，改
进道路交通，希图把这一带地区建设成防御西北叛王的根据
地。同时派大军进击海都。八年（1271 年）皇子北平王那
木罕占领阿力麻里，总辖西北元军。十一年（1274 年），元
军大举伐宋，海都又乘虚进袭。十二年（1275 年）忽必烈
再命那木罕率诸王出击，并命右丞相安童辅之。十三年
（1276 年）冬从征的宗王蒙哥之子昔里吉、孙撒里蛮，岁哥
都之子脱铁木儿，阿里不哥之子明里帖木儿、玉木忽儿等发
动叛乱，劫持那木罕和安童，分送至术赤后王忙哥帖木儿和
海都处，并回师攻掠和林。十四年（1277 年）北边的斡亦
剌部、应昌的弘吉剌部及河西、六盘山等地都有叛军响应。
忽必烈调征宋主将伯颜、阿术、别吉里迷失等北上征讨，分
别击溃了各支叛军，稳定了漠南北的局势。二十四年（1287
年）海都又勾结东部帖木格斡赤斤的后裔乃颜、哈撒儿后王
势都儿、合赤温后王胜剌哈、合丹等发动叛乱。忽必烈亲率
大军前往平叛。不久合丹等又起，直到二十八年（1291 年）

败死于高丽。

（三）南宋朝廷的存在。1259年，忽必烈为了与阿里不哥争夺汗位，仓促答应了宋的讲和条件停止攻击，迅速北归。中统五年（1264年）阿里不哥败降，忽必烈的地位得到保障，他不甘坐守半壁河山，遂率兵再次大举南下。至元九年（1272年）元军攻下襄樊，打开南宋的大门。至元十一年（1274年）元军兵分两路：一路进攻淮西淮东，指向扬州；一路沿汉水入江，直趋临安。至元十三年（1276年）元军至临安城下，宋恭宗赵㬎携玺上表投降，宋亡，元改临安为两浙大都督府。此时宋虽亡，但各地南宋军民的抗元斗争仍在继续进行。宋益王赵昰、广王赵昺在临安陷落前逃到温州。是年五月，赵昰在福州即位，是为端宗。文天祥、张世杰、陆秀夫等抗元将领会聚福州，企图竭尽全力收复失地。广东、湖南、江西、福建等地的人民纷纷起兵响应。但终因大势已去，在元军的强大攻势下，至元十五年（1278年），赵昰逃至广州，又逃至硐洲病死，八岁的赵昺即位并改元祥兴。至元十六年（1279年），宋军攻雷州失败，决心退守崖山，联战船千余为水寨，以为死守。二月元军突破阵脚，宋军大败，陆秀夫抱赵昺投海死。南宋的最后一点残余军队被元军消灭，全国得为统一。

（四）民族矛盾。至元八年（1271年）十一月，在进攻南宋取得不断胜利的形势下，忽必烈在其汉族知识分子精英的帮助下宣布改元"大元"国号。早在漠北"潜邸"的时候，忽必烈就"好访问前代帝王事迹"，赞赏唐太宗统一天下治理国家的业绩，结识并延揽一批汉族中原人才，一同

"讲论治道"。在受命主管"漠南汉地军国庶事"后，他更紧密地和汉族及其他各族上层阶级结合起来。蒙古族是一个游牧民族，"逐水草而居"，13世纪初才刚刚跨进奴隶社会，而中原汉族早已统治着中国这样一个多民族的国家，所以还沿用老一套的蒙古旧制已经是行不通的了，"今日能用士，而能行中国之道，则中国之主也！"① 他仿效中原之制建元纪岁"行汉法"，并明确提出了"祖述变通"，"稽列圣之洪规，讲前代之定制"，提倡"文治"的政治纲领，建立起与中原发达经济基础相适应的中央集权制封建政权。但是由于元朝是中国历史上第一个由少数民族所建立起来的统一王朝，它既要适应中原汉地的统治需要，又要确保蒙古贵族的既得利益，政权体制本身充满了矛盾，许多落后的制度被保留了下来，民族压迫政策严重。迄今为止虽然并没有发现任何元代有把臣民明确划分为四等的法令和史料，但它却反映在有关的政治、法律地位以及其他权利和义务方面的诸多不平等规定中。这种民族分化政策，其后构成元王朝统治秩序的一个很大特点。当然真正利用法律到处横行不法的只是蒙古、色目贵族，而广大蒙古、色目劳动人民与汉族劳动人民一样，依然过着受压迫剥削的生活。所以，南宋虽然灭亡，但是各地人民的反民族压迫及反剥削的斗争此伏彼起，直至忽必烈去世，元初几十年间，从没间断。同时统治阶级内部中一部分蒙古族上层贵族，却竭力反对忽必烈推行汉法，并责问忽必烈："本朝旧俗与汉法异，今留汉地，建都城郭，

① 郝经：《与宋国两淮制置使书》，《陵川集》卷三七。

仪文制度，遵用汉法，其故何如？"① 虽然忽必烈没有停止行汉法，但是受李璮之乱的影响，忽必烈对汉人的防范是很严的。

忽必烈完成了中国的大统一，"北逾阴山，西极流沙，东尽辽左，南越海表"②，这是继秦始皇和隋文帝之后又一次具有重大深远影响的事业。虽然在平定西北诸王之乱后，术赤兀鲁思（钦察汗国）、伊利汗等相继独立，但名义上还是奉元朝皇帝为大汗，承认自己"宗藩之国"的地位，朝聘使节往来频繁。西方使节、商人东来者，也多取钦察汗国都城萨莱，经阿母河下游玉龙杰赤，及不花剌、撒麻耳干，至阿里麻里，再北经金山南驿路至岭北行省和林至中原，或东由哈密力（哈密）至中原。有元一代，这条通道成了中国沟通西方经济、文化交流的一条最重要的渠道。可是忽必烈在东南亚一带却四处碰壁，一是由于宋王朝近三百二十年的统治，与东南亚各国已经建立了广泛的政治、经济上的密切联系，至宋灭亡时，还维持着较频繁的陆海贸易往来。二是天然的自然障碍——大海，将元与东南亚各国的关系疏远了。元朝的军事实力一下子还威胁不到各国，所以尽管忽必烈灭了宋，取得了全国的统治权，并仿效中原历代王朝改革了自己的政权机构，一反蒙古旧制建元表岁，采用汉法，来适应中原汉族地区高度发展的封建政治、经济、文化的现状，以表明自己是中国封建正统王朝的继续。但是在与东南

---

① 《元史》卷一五八《高智耀传》。
② 《元史》卷五八《地理志》一。

亚各国的交往方面还是一个空白。"蒙古""元朝"对于他们来说还是一个十分生疏的名词，甚至还不为有的国家所知。

二

忽必烈对外战争的动因是什么？他要达到一个什么样的目的？

我们知道元朝是中国历史上第一个由少数民族建立的大一统王朝，对于忽必烈来说，夺取政权固然十分重要，但是更重要的是政治上的需要，一方面努力用"行汉法"来换取中原汉地的地主阶级知识分子的信任，缓和国内的民族矛盾。一方面又迫切想在外部世界面前树立起自己强有力的形象，以确立其世界霸主的中心地位，并借此来稳固提高自己在国内统治集团中和人民群众中的合法皇权地位。忽必烈认为自己已是元朝帝国的大汗，是世界的主宰，天下万方之国都应向元朝称臣纳贡才是。这种思想我们从忽必烈给日本的国书中不难看出。蒙古国书云："大蒙古国皇帝奉书日本国王。朕惟自古小国之君，境土相接，尚务讲信修睦。况我祖宗，受天明命，奄有区夏，遐方异域畏威怀德者，不可悉数。朕即位之初，以高丽无辜之民瘁锋镝，即令罢兵还其疆域，反其旄倪。高丽君臣感戴来朝，义虽君臣，欢若父子，计王之君臣亦已知之。高丽，朕之东藩也。日本密迩高丽，开国以来亦时通中国，至于朕躬，而无一乘之使以通和好。尚恐王国知之未审，故特遣使持书，布告朕志，冀自今以往，通问结好，以相亲睦。且圣人以四海为家，不相通好，岂一家之理哉？"① 在高丽给日本的国书中，此意说得更加明白"今皇帝（忽必烈）之欲通好贵国，非利其贡献，盖欲以无外之名高于天下耳。若得贵国之通好，必厚待之"②。对于东南各国亦如此。至元十五年忽必烈就曾下令说："诸蕃国列居东南岛屿者，皆有慕义之心。可因蕃舶诸人宣布朕意，诚能来朝，朕将宠礼之。其往来互市，各从所欲。"③至元十六年（1279年），忽必烈灭南宋后，即遣使"诏谕海内海外诸番国主"④。因此，可以这样认为元初忽必烈的对外思想：四方各国都是大元帝国的藩属，都是一家，一家岂有不互相通好之理哉？

忽必烈并没有一开始就对邻国以武力相威胁，而是先遣使诏谕，进行说服、动员，使其来朝通好。1268年，当元使臣往日本通使不成，掳其岛民两人而还，至大都，忽必烈闻之大喜，为了博得日人的好感，对日俘大为优待，还命人带他们游览自己的宫殿，观后，日俘高兴地称赞道："臣等闻有天堂佛刹，正谓是也。"忽必烈听之更悦，又使遍览燕京万寿山玉殿与城阙，九个月后专门派人护送他们回国⑤。这说明了忽必烈的虚荣心和急于称霸的心情。只有当目的达不到时，忽必烈才不惜动用武力迫使对方降服。忽必烈宣称"朕惟祖宗立法，凡不庭之国，先遣使招谕，来则按堵如

① 《元史》卷二〇八《日本传》。
② 《高丽史》第一，卷二六《元宗二》。
③ 《元史》卷十《世祖纪》七。
④ 《元史》卷十《世祖纪》七。
⑤ 《高丽史》第一，卷二六《元宗二》。

故，否则必致征讨"①。《国朝文类》卷四一《经世大典序录·遣使》条亦记载："先我国家之临万方也，未来朝者遣使喻而服之，不服则从而征伐之事。"于是不肯屈服于忽必烈的霸主思想的国家就遭到了元朝军队的袭击，日本就是一个典型的例子。从至元三年（1266年）起至至元十年（1273年），元朝曾前后六次遣使往日本欲与通好，均遭其拒绝②。忽必烈大为恼火，成立了征东行省，于至元十一年三月发动了第一次大规模的东征之役，但此役遭飓风而失败，忽必烈以为经过此次战役日本会被元军的强大军队所吓倒，所以又两次遣使往日本说降，使臣却全被当时的镰仓幕府所杀害，于是忽必烈又接连发动了第二次东征日本的战役③。安南的情况也是这样，1260年忽必烈即位后，即遣使安南，表示允许安南"衣冠典礼风俗一依本国旧制，已戒边将不得擅兴兵甲，侵尔疆场，乱尔人民"④。安南也遣使报聘，"乞三年一贡"。但由于忽必烈要安南执行服"六事"屡遭拒绝，加上又发生了占城"既臣复叛"，不时囚禁元朝使臣，阻绝元朝与海外各国交往的事件，所以至元二十年（1283年）忽必烈以假道为名侵入安南。爪哇虽与元开始互相遣使通好，但忽必烈非要其国王亲来朝见，遭到爪哇拒绝，元使臣也被黥面送回。至元二十九年（1292年）忽必

---

① 《元史》卷二一〇《琉求传》。

② 《日本外史》卷四《源氏后记·北条氏》"凡元使至，前后六反皆拒不纳"。

③ 忽必烈东征日本的详情参见拙作《忽必烈侵日的原因及其历史影响》，《元史及北方民族史研究集刊》第九期 1985 年 3 月。

④ 《元史》卷二〇九《安南传》。

烈以此为借端发大兵二万侵爪哇。元初只有高丽同元朝的关系保持较好，忽必烈即位后，诏许高丽"完复旧疆"，并以公主嫁给高丽国王之子王暙，暙子璋亦尚公主，与元朝皇室结为"甥舅之好"。元于高丽设征东行省，即以高丽国王为臣相，"刑赏号令专行其国"，所有征赋也只是"唯所用之，不入天府"①。

固然充当世界霸主的思想是忽必烈发动对外战争的主要动因，同时，获取市舶之重利也是一个重要的方面。南宋与海外诸国的贸易往来极为繁盛，保持经常联系的国家和地区不下五六十处。"市舶之利，若措置合宜，所得动以百万计。"仅福建市舶司一地，在建炎元年（1127 年）至绍兴四年（1134 年）的八年之内，一个蕃舶纲首招致的舶船，就获得九十八万缗的"净利钱"②，平均每年得十二万缗以上，其时每年来泉州港贸易的蕃舶纲首绝不止一人，福州市舶司每年收入当然不止十二万缗。南宋中期由于政府进一步加强对市舶机构的管理，年收入更加可观，"岁抽及和买，约可得二百万缗"③。王应麟的《玉海》也说"中兴岁二百万缗"。市舶收入成为宋朝政府的一项重要财政来源，"东南之利，舶商居其一"④。特别是在高宗南渡的初期，宋王朝统治岌岌可危，财政十分困难，市舶收入几乎占了整个宋王朝财政总收入的百分之十五，成为宋王朝免于崩溃的重要经济支柱。另外

---

① 姚燧：《牧庵集》卷三，《高丽沈王诗序》。
② 《宋会要辑稿》职官四四之一九。
③ 《建炎以来系年要录》卷一八三，绍兴二十九年九月壬午条。
④ 《宋史》卷一八六《食货志》"互市舶法"。

各国政府也以"朝贡""交聘"的方式来宋,"射利于中国"。
宋朝政府对各国的"贡物",不仅给予免税优待,而且"估价
回答",回赠一定数量的物品。许多外国商人也常常"各备宝
贝、乳香、象牙等",前来"进奉",有的还假借本国君主的
名义。宋朝政府均予以优厚待遇,一些国家的统治者还接受
宋朝的封号,遇到困难也愿意找宋朝出面帮助解决。这使得
宋朝在海外的政治影响不断扩大,加强了宋与各国的政治联
系,同时又促进了各国同中国的贸易往来。元灭南宋后,既
能提高自己在国际上的影响,又能得到巨额收入的海外贸
易,自然备受忽必烈注意。他迫切想尽快地获得这大宗利
益。在战争中,他曾多方设法不使海外贸易中断;招降并重
用原主管泉州市舶的南宋官员蒲寿庚。至元十四年(1277
年),当元军取得浙、闽等地后,忽必烈立即沿袭南宋市舶
制度,设立了泉州、庆元、上海、澉浦四市舶司,后来又陆
续增添了广州、温州、杭州三处,并放宽政策,除市舶司和
市舶司所在地的官员禁止"下蕃货卖"外,其他"诸王、
驸马、权豪、势要、僧道、也里可温、答失蛮诸色人等"
均可"下蕃博易"。为了取得更多的收入,还由政府出船出
本钱给舶商出海贸易,称为"官本船"。至元十四年,为了
争取和日本通好,尽管铜钱是中国历来禁止出口的物资,但
在日本商人持黄金来要求兑换时,也得到慨然允诺。

在这种思想指导下,忽必烈曾先后数次派遣使臣前往各
国,"招谕""通好",但遗憾的是,除高丽外,均遭拒绝,
使臣有的被驱逐,有的被黥面,有的甚至被杀戮。于是忽必
烈在其虚荣心的驱使下,不惜诉诸武力,发动战争,企图使

其屈服。

三

元初的几次对外战争，无论是对日本，还是对占城、安南、爪哇，均以失败而告终。虽然失败的原因很多，但最重要的是战争的发动是为其霸主思想服务的，因而其性质是侵略性的，它不可能得到国内广大人民群众的支持，战争的结局，必然是失败。

由于战争规模浩大，动辄就是军队几万、几十万，战船几千艘，加上募征水手，粮食武器，这对于刚刚建立不久的元帝国来说，在经济上是难以承担得起的。特别是江南一带的人民就更加困苦万分，征伐之需，几乎尽为所出，交钱、派粮、应差役，还要伐木造船。为此，湖广行省臣线哥忧虑地说："本省镇戍凡七十余所，连岁征战，士卒精锐者罢于外，所存者皆老弱，每一城邑，多不过二百人。窃恐奸人得以窥伺虚实。往年平章阿里海牙出征，输粮三万石，民且告病，今复倍其数。官无储畜，和籴于民间，百姓将不胜其困。"①

因不满于元朝的对外侵略和强加在人民头上的沉重经济负担，南方各地军队哗变、人民起义的事件接连不断，"湖广江西供给船只、军须粮运，官民大扰，广东群盗并起"。②

---

① 《元史》卷二〇九《安南传》。
② 《元史》卷一六八《刘宣传》。

御史中丞崔彧曾因国内经济危机、阶级矛盾激化劝说忽必烈停征日本："江南盗贼，相挺而起，凡二百余所，皆由拘刷水手与造海船，民不聊生、激而成变。日本之役，宜姑止之。又江西四省军需，宜量民力，勿强以土产所无。凡给物价与民者，必以实，召募水手，当从其所欲，伺民气稍苏，我力粗备，三二年后，东征未晚也。"① 但是忽必烈不愿听，一意孤行。至元二十年（1283 年）江南一带再次爆发大规模的农民起义，抵制政府的军事征募。忽必烈派了兴国、江州两路大军好不容易才镇压下去。至元二十三年（1286 年）湖南宣慰司上言反对再征交趾："连岁征日本及用兵占城，百姓罢于转输，赋役烦重，士卒触瘴疠多死伤者，群生愁叹，四民废业，贫者弃子以偷生，富者鬻产而应役，倒悬之苦日甚一日。今复有事交趾，动百万之众，虚千金之费，非所以恤士民也。且举动之间，利害非一。"要求忽必烈"甦民力""宽百姓之赋"②。忽必烈总算接受意见，下诏止军，但遗憾的是不到一年，忽必烈又发十万大军征交趾。至元二十六年（1289 年）江南一带各族人民为反抗沉重的封建剥削和压迫的起义竟多达四百余起。纵观元初三十年，正如元江南行台御史中臣陈天祥所说："自征发倭国、占城、交趾、爪哇、缅国以来，近三十年，未尝见有尺土一民内属之益，计其所费钱财，死损军数，可胜言哉。"③ 忽必烈发动战争的目的并没有达到。

---

① 《元史》卷一七三《崔彧传》。
② 《元史》卷二〇九《安南传》。
③ 《元史》卷一六八《陈天祥传》。

　　战争给中国人民带来了巨大的灾难，同时也给各国人民带来了巨大的灾难。原来平静的生活被打乱，而且为了抗击元军需要征集大批的军需物资，包括成千上万的青壮年被送上战场丧生，田地荒芜，经济萎缩，"民残国破"。政府为了解决财政上的困难，反过来进一步增加对本国人民的榨取，从而又激化了阶级矛盾。高丽虽然从中统年间以后一直同元保持较好的关系，但是忽必烈两次大规模征日，均以高丽为基地，所需物资、人员许多都要由高丽来承担。据《高丽史》记载：1274年春正月"元遣总管察忽监造战舰三百艘，其工匠役徒一切物件全委本国应付。……征集工匠役徒三万五百余名，起赴造船所。是时驿骑络绎，庶务烦剧，期限急迫，疾如雷电，民甚苦之。"① 三月，又命发军五千助征日本。第一次征日失败后，高丽王曾遣使入元诉其苦衷："小邦近因扫除逆贼，惟大军之粮响既连岁而户收加，以征讨倭民，修造战舰，丁士悉赴工役，老弱仅得耕种，早旱晚水，禾不登场，军国之需敛于贫民，至于斗升罄倒以给，已有采木实、草叶而食者，民之凋弊莫甚此时。而况兵伤水溺不返者多，虽有遣噍，不可以岁月期苏息也。若复举事于日本，则其战舰、兵粮实非小邦所能支也，国已破之不存，是为无可奈何矣。天其眼所未到，应谓岂至于此欤。伏望俯收。款款之诚，曲谅哀哀之诉。"② 可见之困境。

　　战争使得海外各国与元断绝了政治上的往来，忽必烈死

① 《高丽史》卷二七《元宗三》。
② 《高丽史》卷二八《忠烈王一》。

后，虽然元政府又多次遣使，但是还是遭到不少国家的拒绝。大德三年（1299 年）元成宗遣普陀寺高僧妙慈弘济大师一山一宁持国书附商舶出使日本，希望能恢复两国政治上的联系。到达日本后，一山一宁虽备受敬重，但镰仓幕府依然拒绝了通使的要求。安南、爪哇虽名义上与元建立了联系，承认藩属关系，但其国君始终不肯亲往大都朝贡。安南的陈氏王朝在元中期还野心勃勃，不断向四围扩张，接连对占城、真腊、老挝等国用兵。同时还暗地里对中国边境地区进行骚扰蚕食。仁宗皇庆二年（1313 年）正月"交趾军约三万余众，马军二千余骑，犯镇安州云洞，杀掠居民，焚烧仓廪庐舍，又陷禄洞、知洞等处，虏生口孳畜及居民赀产而还，复分兵三道犯归顺州，屯兵未退"。四月复得报："交趾世子亲领兵焚养利州官舍民居，杀掠二千余人。"① 元派员亲往实地勘查后牒谕安南国，表示抗议，"今胡自作不靖，祸焉斯启。虽由村之地所系至微，而国家舆图所关甚大。兼之所杀所虏，皆朝廷系籍编户，省院未敢奏闻。然未审不轨之谋谁实主之"。安南回牒："边鄙鼠窃狗偷辈，自作不靖，本国安得而知？"且以货赂偕至。这一卑劣的行动，立即遭到枢密院俾千户刘元享的严厉责斥，"南金、象齿，贵国以为宝，而使者以不贪为宝。来物就付回使，请审察事情，明以告我"。②

对外战争所造成的危害还不仅仅如此，侵日战争还导致

---

① 《元史》卷二〇九《安南传》。
② 《元史》卷二〇九《安南传》。

了为害元末以至整个有明一代的倭患，在长达三百余年的时间里，高丽至中国东南沿海一带，备受荼毒。中日之间因征日之举而断绝了政府间的政治往来，但元为笼络日本与其通好，对日商的来华贸易则极力予以便利。忽必烈还特为"诏谕沿海官司通日本国人市舶"①，所以日船每年必来，殆成定例。而日人因元师之败，遂乘商舶来华之便，载仗觇隙。

第一次征日战争之后，深受其害的日本西部沿海之民就开始了复仇的海盗活动，他们首先把怒火倾泻到近邻的高丽身上，烧杀掳掠，无恶不作，以至高丽王频频向元廷告急，并竭力鼓动元军再行东征之师，以绝倭患。13世纪末，倭患已开始蔓延到中国南部沿海各地。至元二十九年（1292年）"日本舟至四明，求互市，舟中甲仗皆具，恐有异图，诏立都元帅府，令哈剌带将之，以防海道"。② 元大德十一年（1307年）日本倭商焚掠庆元，城内官衙寺院，罹兵火者甚多③。元至大二年（1309年）倭又以所赍硫黄等药，焚毁明州都元帅府、录事司，及官署民居几尽④。起先倭寇还以通商贸易为掩护，到元末竟发展为公然的抢掠。从至正十八年（1358年）后，连寇濒海郡县，"从横来住，若入无人之境"，"唐人畏倭如虎"。并经中朝两国政府竭力剪除，终不能灭。直至17世纪初，"秀吉死，诸倭扬帆尽归，朝

① 《元史》卷十《世祖本纪》七。
② 《元史》卷十七《世祖本纪》。
③ 《元史》卷九十九《兵志》二。
④ 《明州系年录》卷四。

鲜患亦平。然自关白侵东国，前后七载，丧师数十万，糜饷数百万，中朝与朝鲜迄无胜算。至关白死，兵祸始休，诸倭亦偕退守岛巢，东南稍有安枕之日矣"①。日本丰臣秀吉死后，江户幕府成立，为了防止商人的势力扩大，保护封建统治的根基免遭破坏，于日宽永十六年（明崇祯十二年，1639 年）颁布了闭关自守的"锁国令"后，倭患才真正平息下来。至此，倭寇为患绵延竟达三百余年之久。

四

历史事实说明，忽必烈几次对外用兵的目的，并不是要解决民族矛盾，或是要掠夺别国领土。其真实目的，只是希望周围诸国能承认自己至高无上的统治，营造一个"万国来朝"的盛世景象，以此来稳固提高在国内统治集团中和人民群众中的合法皇权地位。

从元初的对外战争联想到明初的郑和下西洋，元世祖忽必烈与明成祖朱棣两人有着非常惊人的相似之处，为了稳固自己的地位，得到朝野上下的认可，又都不惜花费大量人力、物力经营海外，只是由于方法不同，而导致了后果的不同，前者失败了，后者却在总结前者失败的经验教训中取得了成功。忽必烈是战胜自己的亲弟弟阿里不哥坐稳了皇帝的宝座，朱棣则是以"清君侧"为名将自己的亲侄子建文帝朱允炆轰下了台，抢得了皇帝的宝座；他们在坐上了皇帝的

---

① 《明史》卷三二二《日本传》。

宝座之后又都面临着藩王的威胁，忽必烈发大军进行讨伐，直至死未能平息叛乱。朱棣则比忽必烈智高一筹，采取欲夺先予的策略，恢复被建文帝贬削的藩王地位，然后打击势力最强者，并逐步削弱其他诸王，或削其护卫，或废为庶人，基本上实现了削藩的目的。

忽必烈发动对外战争的目的是使各国都来"朝贡"，以满足其霸主的欲望，同时提高自己在统治集团中的威信，从而稳固自己的皇权地位。朱棣派遣郑和下西洋同样也是为了这一目的，他靠靖难之役，夺嫡取得了成功，当上了皇帝，但是他的根基并不稳固，建文帝的残余势力还存在，特别是持有正统观念的人对永乐帝采取保留态度，他们蔑视朱棣，责骂他是"燕贼"，是篡位，决意誓死不为其臣！有的则假装归附，暗地里却在阴谋搞刺杀活动。所以朱棣亟须提高自己的政治威望，改变人们对自己的敌对情绪。另外靖难之役后，建文帝下落不明，是隐藏在国内，还是逃居海外，始终还是个谜，忠于朱允炆的人，相信故君尚在，认为还有奔头，坚持反对朱棣的立场，以便等待时机准备复辟。这就要求尽快找到朱允炆的下落。因此朱棣也像忽必烈那样决意以发展对外关系，来扩大明王朝的盛世景象，并且派人在国内搜查朱允炆的同时，再到海外进行察访，以达到彻底清除其政敌的潜在威胁，以稳固自己皇位。只是他吸取了忽必烈的教训，改武力征服为恩威并施的招抚手段。

郑和率领庞大的舰队，八次奉使、七下西洋，一路浩浩荡荡，所到之处，一方面宣扬明朝的国威，晓以对海外各国的怀柔之意，邀约各国派使臣到中国来"朝贡"，同时又和各国开展平等的贸易，将中国出产的瓷器、丝绸，及各种生产、生活日用品带给各国，换回供皇室贵族享用的大量奢侈品，如珍珠、宝石、香料以及珍禽异兽等。郑和出使，促进了中国人民同亚非各国人民的经济文化交流，增强了各国政府间和人民间的友谊，很多国家在郑和的远航舰队访问后即派使臣来中国建立邦交和进行贸易。

当然对于不友好的行为，郑和庞大的舰队亦是不留情的，如海盗陈祖义来犯，被郑和生擒带回朝伏诛。锡兰国王亚烈苦奈儿企图以大兵进犯，擒住郑和，不料诡计被识破，明军直捣王城，自己反倒被擒。苏门答腊的苏幹刺也是趁郑和不备，潜发大兵袭击，被郑和战败，追至南孛里，将其擒获。

永乐年间，"西洋"各国使臣和商队往来中国，络绎不绝。南北两京成了亚非各国使者云集的胜地，"诸番使臣充斥于庭"①。这种景象，是忽必烈所梦寐以求的，他企图以武力来得以实现，但终不能成功。而明成祖朱棣却通过郑和的和平出使完成了。"蛮夷之情，由来叛服不常，数年陛下怀柔之恩，待之以礼，今皆悦服，无反侧之意。"①简单的历史对比是错误的，但是作为一个历史工作者来说，对于这样一个重要的历史现象不能不引起重视，有必要进行一番深入的研究和探讨，从中找出有益的东西来。

原载《中国史论集》，天津古籍出版社1994年版，《新华文摘》1995年第1期转载。

---

① 《明史》卷三二六《古里传》。

忽必烈征日的原因及其历史影响[*]

元初东征日本的战争（在日本历史上被称为"文永之役"和"弘安之役"），是 13 世纪后期中日关系史上的重大历史事件。元朝政府为这场战争前后共投入的兵力达二十万之多，动用战船五千五百余艘。虽然由于日本政府与人民的奋勇抵抗，元军遭到了惨重的失败，但是，残酷的战争使中日两国以及高丽人民都蒙受了巨大的痛苦，经济上遭到极大的损失。多年来，日本史学界对此事件非常重视，发表了很多文章及著作，有的杂志甚至出版专集进行讨论研究。因此，对这一重要事件的发生原因、过程，及其历史影响作一次较为深入细致的分析和探讨，是研究元史及中日关系史的重要课题。

一

忽必烈大举东征日本的原因是什么？这个问题是首先应

　＊　此文原题目为《忽必烈侵日的原因及其历史影响》，收入本集时为与文章内容行文保持一致，改为现名。

该弄清楚的。

韩儒林先生在《〈元史纲要〉结语》一文中认为：宋亡后，赵宋政权十几万大军被元朝整编为新附军，"忽必烈一一接受。但是既不能全部杀掉他们，又不敢叫他们解甲归田，如何处置他们呢？忽必烈不解决这个问题，是放心不下、睡不着觉的。至元中叶，元王朝屡次兴师，征日本、征爪哇，实际是别有用心的做法。征日战争中最活跃的，正是宋戍守长江沿岸的吕氏军阀集团成员、吕文德的门婿范文虎。范文虎率领十万将士出征，几乎全军覆没，幸存者十仅一二。忽必烈算达到了不杀降而降人自消的目的"[①]。这就是说忽必烈东征包含有借刀杀人消灭十几万新附军的目的。这个看法不失为合理的推论，然而，如果把它说成是征日的动因，则是值得商榷的。我认为要想弄清楚东征的原因，必须先对当时中日两国的历史状况作一分析，才能下结论。

正当蒙古骑兵驰骋于欧亚大陆的时候，日本进入了武士阶级掌握政权、实行军事封建统治的"幕府政治"时期。到13世纪中期后，镰仓幕府的统治不仅在政治上益趋巩固，而且国家的农业经济也有了发展。幕府为了增加税收，对手工业和商业采取了奖励政策，同时将原来以实物计算改为用中国宋朝的铜钱作货币，又促进了商业的兴盛。日本西部地区的武士们，为了获得宋朝的铜钱、奢侈品和日用品，也积极进行与南宋之间频繁的海上贸易。

对于日本，蒙古国的统治者最初不甚关注。1260年忽

---

① 《元史论丛》第一辑，1982年中华书局出版。

必烈夺得大汗位，高丽王遣太子倎请降。1265 年（元至元二年，高丽元宗六年）高丽人赵彝来朝，言谈之中，披露了不少有关日本的情况。大概就从此时起，忽必烈开始注意到在不远的东方还有这样一个非常富庶的国家。赵彝是如何对忽必烈说的，虽不见于史载，但是我们注意到当时在中国的意大利商人马可·波罗，他对日本是很了解的。在他的《行纪》中，马可·波罗这样写道：

> 日本国……据有黄金，其数无限。……
>
> 此岛君主宫上有一伟大奇绩，请为君等言之。君主有一大宫，其顶皆用精金为之，与我辈礼拜堂用铅者相同，由是其价颇难估计。复次宫廷房室地铺金砖，以代石板，一切窗棂亦用精金，由是此宫之富无限，言之无人能信。……亦饶有宝石珍珠，珠色如蔷薇，甚美丽价甚巨，珠大而圆，与白珠之价等重。①

《行纪》中这段对日本的描绘，应该是马可·波罗从赵彝那里听来的。日本东京的游就馆有《元世祖征日本之御前会议》油画一幅②，画中高踞坛上者为元世祖忽必烈，跪坛下以手指地图者为高丽人赵彝，坐于左边高几上者是马可·波罗，右边坐的则是元廷的诸大臣们。此画虽纯属想象，但与《行纪》对忽必烈征日的记述与史实基本相符，

---

① 冯承钧译：《马可·波罗行纪》第三卷第一五八章"日本国岛"。

② 见《受上堂丛书》第一种，张星烺译注《马可·波罗游记导言》第174—175 页中所附插图一。

似可证明马可·波罗在当时确是一位洞悉征日内情的人物。《元史》卷二百八《高丽传》亦载忽必烈对高丽使臣李藏用的话，曰："自尔来者言海中之事，于宋得便风可三日而至，日本则朝发而夕至。舟中载米，海中捕鱼而食之，则岂不可行乎？""自尔来者"当即是高丽使臣赵彝无疑。雄心勃勃的忽必烈听到日本有那么多的财富，而且它距离高丽又是那样的近，"朝发而夕至"，自然不会无动于衷。

至元三年（1266 年）八月，忽必烈命兵部侍郎黑的为国信使，礼部侍郎殷弘为国信副使，持国书出使日本。高丽王以帝命派遣枢密院副使宋君斐、礼部侍郎金赞等作向导，至巨济岛，因畏风涛之险而返，向忽必烈奏曰："诏旨所谕，道达使臣，通好日本，谨遣陪臣宋君斐等伴使臣以往。至巨济县，遥望对马岛，见大洋万里，风涛蹴天，意谓危险若此，安可奉上国使臣，冒险轻进。虽至对马岛，彼俗顽犷，无礼仪，设有不轨，将如之何，是以与俱而还。且日本素与小邦未尝通好，但对马岛人，时因贸易往来金州耳。小邦自陛下即祚以来，深蒙仁恤，三十年兵革之余，稍得苏息，绵绵存喘，圣恩天大，誓欲报效，如有可为之势，而不尽心力，有如天日。"[1]

忽必烈通使心切，认为这是"以辞为解"[2]。至元四年再遣黑的"责高丽王王植，仍令其遣官至彼宣布，以必得要领为期"[3]。高丽王不得已使其起居舍人潘阜持元朝和高

①　《高丽史》第一，卷二十六《元宗二》。
②　《元史》卷二〇八《日本传》。
③　《元史》卷六《世祖本纪》三。

丽国书至日本。蒙古国书云：

　　大蒙古国皇帝奉书日本国王。朕惟自古小国之君，境土相接，尚务讲信修睦。况我祖宗，受天明命，奄有区夏，遐方异域畏威怀德者，不可悉数。朕即位之初，以高丽无辜之民瘁锋镝，即令罢兵还其疆域，反其旄倪。高丽君臣感戴来朝，义虽君臣，欢若父子，计王之君臣亦已知之。高丽，朕之东藩也。日本密迩高丽，开国以来亦时通中国，至于朕躬，而无一乘之使以通和好。尚恐王国知之未审，故特遣使持书，布告朕志，冀自今以往，通问结好，以相亲睦。且圣人以四海为家，不相通好，岂一家之理哉。以致用兵，夫孰所好。王其图之。①

高丽国书云：

　　……皇帝仁明，以天下为家，亲远如迩，日月所照，咸仰其德。今欲通好于贵国而诏寡人云，日本与高丽为邻，典章政治，有足嘉者。汉唐而下，履通中国；故特遣使以往，忽以风涛险阻为辞，其旨严切。兹不获已遣某官某奉皇帝书前去，贵国之通好中国，无代无之，况今皇帝之欲通好贵国者，非利其贡献，盖欲以无外之名高于天下耳。若得贵国之通好，必厚待之，其遣

---

① 《元史》卷二〇八《日本传》。

一介之大，以往观之何如也，贵国商酌焉。①

潘阜于至元五年正月抵日本，至太宰府，闰正月太宰府将国书送至镰仓幕府，幕府又送至京都，朝廷中正在准备后嵯峨上皇五十寿庆。在此之前，日本一直是与宋朝来往，这时读了元朝国书，大为惊骇、忧虑，庆寿之举，亦遂停止，祈祷神佛，以让避蒙古之难，并且命菅原长成起草回信，"欲答之，下镰仓议，时宗以其书辞无礼，执为不可"②。潘阜留太宰府五月，馆待甚薄，最后不得消息而归。

是年九月，忽必烈因潘阜能去日本，所以又命黑的、殷弘复持书往日本，至对马岛，日本土人拒而不纳，只得掳其岛民塔二郎、弥三郎两人而还。至燕京，忽必烈大喜，为了博得日人的好感，对日俘大为优待，命人带他们游览宫殿，观后，日俘高兴地称赞道："臣等闻有天堂佛刹，正谓是也。"帝听之更悦，有使遍观燕京万寿山玉殿与城阙③。次年六月，并让高丽人金有成持中书省牒第四次使日本，护送他们回国，但还是不见日本政府的答复。

至元七年（1270 年）底，忽必烈又第五次派遣秘书监赵良弼持书往使，国书中说："盖闻王者无外，高丽与朕既为一家，王国实为邻境，故尝驰信使修好，为疆场之吏抑而弗通。所获二人，敕有司慰抚，俾赍牒以还，遂复寂无所闻。继欲通问，属高丽权臣林衍构乱，坐是弗果。岂王亦因

---

① 《高丽史》第一，卷二十六《元宗二》。
② 《日本外史》卷四《源氏后记·北条氏》。
③ 《高丽史》第一，卷二十六《元宗二》。

此辍不遣使，或已遣而中路梗塞，皆不可知。不然，日本素号知礼之国，王之君臣宁肯漫为弗思之事乎。近已灭林衍，复旧王位，安集其民，特命少中大夫秘书监赵良弼充国信使，持书以往。如即发使与之偕来，亲仁善邻，国之美事。其或犹豫以至用兵，夫谁所乐为也，王其审图之。"① 次年八月，赵良弼一行二十四人抵筑前今津，日兵围之，太宰府问其来状"良弼数其不恭罪；仍喻以礼意。太宰官愧服，求国书。良弼曰：'必见汝国王，始授之'"。② 后出其抄本示之，太宰府经镰仓转至京都。因其书意与前同，虽朝廷想覆书，但幕府又以其书内辞语不逊，置之不答，只派了弥四郎等十二人跟随赵良弼入朝，以"伺吾（按指元朝）强弱耳"③。

至元八年（1271 年）十一月，忽必烈建国号"大元"。声称"握乾符而起朔土，以神武而膺帝图，四震天声，大恢土宇，舆图之广，历古所无"。④ 至元十年遂命赵良弼再次复使日本。至太宰府多时，仍不得消息。"时宗令太宰府逐之。凡元使至，前后六反皆拒不纳。"⑤

至此，忽必烈前后共六次遣使欲与日本通好，都未能成功，大为恼火，于是决定诉诸武力来迫使其就范。战争终于不可避免地要爆发了。

---

① 《元史》卷二〇八《日本传》。
② 《元史》卷一五九《赵良弼传》。
③ 《元史》卷二〇八《日本传》。
④ 《元史》卷七《世祖本纪》四。
⑤ 《日本外史》卷四《源氏后记·北条氏》。

二

至元十一年（1274 年）三月，忽必烈成立征东都元帅府，命凤州经略使忻都为都元帅、高丽军民总管洪茶丘为右都副元帅，"以千料舟、拔都鲁轻疾舟、汲水小舟各三百，共九百艘，载士卒一万五千，期以七月征日本"。①

十月，忻都、洪茶丘率领蒙、汉军二万五千人，高丽军八千人，艄工水手六千七百人，组成东征大军，从高丽合浦港出发，首先进攻对马岛。日守护代宗助国率族人奋起抵抗，均战死。元兵转攻壹岐，守护代平景隆亦战死。元军占领了二岛后，接着又向肥前沿海袭击，于博多湾强行登陆。此时镰仓幕府已动员征集了九州之兵，号称十万三千人，会于博多，以抗元兵的进犯。元兵用毒箭、铁炮进行袭击，加之以集团战术进攻，使日军死伤惨重，溃不成军。元军很快占领了今津、佐原、白道原、赤坂等地，这时元左都副元帅刘复享负伤，大军仍不停止进攻，所到之处，焚毁掳掠，愈加凶狠。在强悍善战的元军打击下，日军大败，"伏尸如麻"②，只得退守水城。此时天色将晚，高丽将金方庆对忻都、洪茶丘说："兵法千里，县军其锋不可当。我师虽少，已入敌境，人自为战，即孟明焚船，淮阳背水也，请复战。"但忻都认为"兵法小敌之坚，大敌之擒，策疲乏之

---

① 《元史》卷二〇八《日本传》。
② 《高丽史》第一，卷二十八《忠烈王一》。

兵，敌日滋之众，非完计也，不若回军"①，遂命大军回船休息，准备第二天再继续进攻。刘复享因伤势过重，带着自己的部队已先归国。是夜乃风雨大作，突然来临的飓风使夜宿于战舰上的元军束手无策，狂风卷着巨浪，似排山倒海，战船大部分被抛到海边岸石上摔得粉碎，高丽将领金侁也落水而死。元军无奈只得乘夜集合残部仓促撤归，第一次东征之役遂以失败而告终。

至元十二年（1275年）二月，忽必烈又派遣礼部侍郎杜世忠、兵部侍郎何文著，计议官撒都鲁丁，以高丽徐赞等为向导，持国书去日本进行说降。四月到达长门的室津。八月幕府派人将杜世忠等五人送至镰仓。九月七日北条时宗因"今度所贡来牒状，如前可顺伏之趣也"。②斩杜世忠等五人于龙口，并枭其首。同时，动员全国做好准备，抵御元军来袭，并在九州设置探侯所。十一月命北条实政至镇西，任九州探题，督率军事。十二月又令西海的将士于次年三月，征集兵旅，以备征元。同时还令山阴、山阳、南海诸道修船舶、备军械。当时的镰仓幕府尚无力量向外征伐，这些举动都是为了鼓舞士气，加强防备。

忽必烈原以为可以用武力征服日本，不料第一次出征失败，派出的使臣杜世忠等人又杳无音讯，因而，不得不再次发兵。至元十六年二月，"以征日本，敕扬州、湖南、赣州、泉州四省造战船六百艘"。六月，"敕造战船征日本，

---

① 《高丽史》第三，卷一百四《金方庆传》。
② 《群书类从》卷四十九《关东评定众传》。

以高丽材用所出。即其地制之"。八月，范文虎建议再"遣
周福、栾忠与日本僧赍诏往谕其国，期来年四月还报，待其
从否，始宜进兵"。① 至元十七年（1280 年）三月，国使杜
世忠等在日本被杀的消息传来，征东都元帅忻都、洪茶丘等
立即要求率兵再征日本，"廷议姑少缓之"②，想再等周福的
消息，但周福等亦于博多被北条时宗处斩。忽必烈遂置征东
行中书省（日本行省），并召中书省右丞范文虎，商议征伐
方略。八月诏募士卒。十二月"高丽国王王晹领兵万人、
水手万五千人，战船九百艘、粮一十万石，出征日本"。③

至元十八年忽必烈决定兵分两路：东路军由忻都、洪茶
丘，高丽将金方庆、朴球、金周鼎等率领，辖蒙、汉、高丽
军四万，从陆路至合浦，再乘战舰九百艘出海；南路军由
阿剌罕、范文虎、李庭、张禧等率领，辖江南十万新附
军，乘战舰三千五百艘从庆元、定海出发，于六月十五日
在日本壹岐岛会合，同征日本。范文虎建议"请马二千给
秃失忽思军队及回回炮匠"以同行，但帝不许，认为"战
船安用此"④。

五月，东路军从合浦出发，先攻占了对马、壹岐两岛。
六月进至博多湾，欲攻太宰府，在筑前志贺岛遭到日军民的
有力抵抗。"草野七郎，潜以兵舰二艘，邀击于志贺岛，斩
首二十余级。"⑤ 元军以锁连舟，设弩而守，日船进攻者，

① 《元史》卷十《世祖本纪》七。
② 《元史纪事本末》卷四《日本用兵》。
③ 《元史》卷十一《世祖本纪》八。
④ 《元史》卷十一《世祖本纪》八。
⑤ 《日本外史》卷四《源氏后记·北条氏》。

多为机石所击破。由于南路军尚未到，东路军仅余一月之粮，箭矢也将用尽，又毙于疫者三千余人，士气受挫，终不能上岸，退于鹰岛。"忻都、茶丘等累战不利，且范文虎过期不至，议回军，曰：'圣旨令江南与东路军六月望前必会于一岐岛。今南军不及期，我军先到，大战者数矣，船腐粮尽，其将奈何？'方庆默然。经十余日，又议如初，方庆曰：'奉圣旨，赍三月粮，今一月粮尚在矣，俟南军来，合而攻之，必灭岛夷矣。'诸将莫敢复言"①。

七月，范文虎南军才到，阿剌罕病死，忽必烈命阿塔海为征东行省丞相前往接替，可是范文虎未等阿塔海到达，即命进攻。肥前海上，旌旗蔽天，舳舻相衔。日本第一次面临着这么强大的外敌，情势十分危急，元军先占平户岛，后移至鹰岛。此时正值西南太平洋的飓风季节，元军的舰艇为了防止日军偷袭，都是并靠连接在一起的。八月一日飓风突然到达，刹时间海上狂风巨浪，暴雨倾盆，四千四百艘战舰，有的如同枯落的柳叶，四散飘零；有的则被互相撞击粉碎，瞬间即被怒涛吞噬。"军士号呼溺死海中如麻"②，"流尸随潮汐入浦，浦为之塞，可践而行"③。这次飓风历时四天之久，八月五日才风停雨住。平章政事张禧因舍舟筑垒于平户，战舰亦采取了避风的措施，各相去五十步止泊，故所部独幸免。大风过后，范文虎见残局无法收拾，决意北还。"禧曰：'士卒溺死者半，其脱死者，皆壮士也，曷若乘其

① 《高丽史节要》卷二十。
② 苏天爵：《滋溪文稿》卷二十一《赠长葛县张氏墓志铭》。
③ 池内宏：《元寇の新研究》第十章"元の第二次日本征伐—弘安の役"。

无回顾心，因粮于敌人以进战。'文虎等不从，曰：'还朝问罪，我辈当之，公不与也。'"①遂择坚好船乘之，弃残部士卒十余万于五龙山下。余众无头，只好议推一百户为主帅，号之曰张总管，听其约束，伐木作舟，准备逃回。但时间已来不及了，八月七日，日本人反攻，奋战两昼夜，箭尽粮绝，七八万人被杀，"伏尸蔽海，海可步行"②。余二三万人于八月九日被日军掳至八角岛，凡蒙古人、高丽、汉人全部处斩，只留下新附军（日本称之为"唐人"的中国南方人）免死，充作奴隶，"十万之众得还者三人耳"③。此全军覆没的真相直至败卒于闾脱归，方才大白。"帝怒，将尽罢大小将校，召（刘）国杰为征东行省左丞。"后经劝说，方才"尽复其官，以属国杰征日本"④。就这样，忽必烈苦心策划准备的第二次征日本之役又归于失败。

两次大规模的东征之役遭到惨重失败，仍未使忽必烈清醒过来。至元十九年（1282年）九月，诏命"平滦、高丽、耽罗及扬州、隆兴、泉州共造大小船三千艘"⑤。次年复立征东行中书省，阿塔海为中书省丞相。同时积极募军备粮、

---

① 《元史》卷一六五《张禧传》。
② 《日本外史》卷四《源氏后记·北条氏》。
③ 《元史》卷二〇八《日本传》。此说不确。为风浪所破舟，漂往高丽沿岸后北还的，以及范文虎率众将私自逃归的一部分人当然不能算在其内，但据《高丽史》忠烈王八年六月条载："蛮军总把沈聪等六人自日本逃来，言明州人。至元十八年六月十八日从葛剌歹万户上船，至日本，值恶风船败，众军十三四万同栖一山。十月初八日，日本军至，我军饥不能战皆降，日本择留工匠及知田者，余皆杀之。王遣上军印侯郎将柳庇押聪等送于元。"八月条又载："甲午蛮军五人自日本逃来。"可见被日俘的士卒生还者决不止于闾、莫青、吴万五三人。
④ 《元史》卷一六二《刘国杰传》。
⑤ 《元史》卷十二《世祖本纪》九。

命舟师习水战，准备秋季再次大举征日。

　　但是长年的战争，国力已经疲衰，人民再也无法承担这沉重负担。"百姓愁戚，官府扰攘"①，"民间骚动，盗贼窃发"②。所以当时有人惊呼"此役不息，安危系焉"③。这种情况迫使忽必烈于至元二十三年春下令停征，并撤销征东行中书省。江浙一带军民久苦于是役，消息传来，"欢声如雷"④。后来又有几次复征之议，但都遭到左右大臣们的反对，加上连年征讨安南、缅甸、爪哇，兵力不足，才又延缓下来。至元三十一年（1294年）忽必烈死，成宗即位。元朝对外的大规模战争才停止下来。

三

　　这场战争，规模之大，双方兵力所役之多，在两国的历史上都是少见的。战争的结果，优势的忽必烈东征大军却得到惨败，日本认为是"神风"救了他们。其实，分析其原因，主要是：一、负责指挥的将领不力，缺乏乘胜追击的果断精神，没有军事民主，遇到挫折，不顾士卒，自己率先逃归；二、将领之间不和，缺乏互相配合，加上南路军延期到达，以致不能协同作战；三、军中发生疫瘟，死亡率很高，影响了士气；四、缺乏科学知识，第一次遭飓风袭击后，不

---

① 《元史》卷一六八《刘宣传》。
② 《元史》卷十二《世祖本纪》九。
③ 《元史》卷一六八《刘宣传》。
④ 《元史》卷一六八《刘宣传》。

能接受教训，致使第二次飓风来临悲剧重演。

战争结束了，但是忽必烈的东征却给国内带来了巨大的灾难。由于战争规模浩大，动辄就是军队几万、几十万，战船几千艘，加上募征水手，粮食运输，这对刚刚建立不久的元王朝来说，在经济上是难以承担得起的。特别是江南一带的人民就更加困苦万分，征伐之需，几乎尽为所出：交钱、派粮、应差役，还要伐木造船。所以南方各地军队哗变，人民起义的事件接连不断，"湖广、江西供给船只、军需粮运，官民大扰，广东群盗并起"①。御史中丞崔彧曾言于忽必烈曰："江南盗贼，相挺而起，凡二百余所，皆由拘刷水手与造海船，民不聊生，激而成变。日本之役，宜姑止之。又江西四省军需，宜量民力，勿强以土产所无。凡给物价与民者，必以实，召募水手，当从其所欲，伺民气稍苏，我力粗备，三二年后，东征未晚也。"②但是忽必烈不愿听。至元二十年（1283年）六月，江南一带又因反抗征日本爆发了大规模的农民起义，抵制政府的募征。忽必烈派了忽都帖木儿、忙古带率领着兴国、江州两路军马好不容易才镇压下去③。

由于高丽所处东征必经之道，因此高丽人民亦深受东征之害。至元十一年春正月"元遣总管察忽监造战舰三百艘，其工匠役徒一切物件全委本国应付。……征集工匠役徒三万五百余名，起赴造船所。是时驿骑络绎，庶务烦剧，期限急

① 《元史》卷一六八《刘宣传》。
② 《元史》卷一七三《崔彧传》。
③ 《元史》卷十二《世祖本纪》九。

迫，疾如雷电，民甚苦之"。① 三月，又命发军五千助征日本，高丽王患徭役之烦，转输之弊，有防农务，遣上将军李汾禧往说茶丘请令分役徒半归农。茶丘默然，许之。第一次东征失败后，高丽即派侍中金方庆、大将军印公秀入元诉其哀苦："小邦近因扫除逆贼，惟大军之粮饷既连岁而户收加，以征讨倭民，修造战舰，丁壮悉赴工役，老弱仅得耕种，早旱晚水，禾不登场，军国之需敛于贫民，至于斗升罄倒以给，已有采木实、草叶而食者。民之凋弊莫甚此时。而况兵伤水溺不返者多，虽有遣嶕，不可以岁月期其苏息也。若复举事于日本，则其战舰、兵粮实非小邦所能支也，国已破之不存，是为无可奈何矣。天其眼所未到，应谓岂至于此欤。伏望俯收。款款之诚，曲谅哀哀之诉。"② 可见之困境。

与此同时，日本镰仓幕府的日子也越来越不好过。虽然仰仗飓风的威力，使得日本免遭灭顶之灾。但是，元军来袭时，几乎动员了全国的兵力和物力，特别是中小武士们，不但要出人力，而且还担负了很重的作战费用。战争一结束，幕府拿出巨资恩赏有功之士，可是广大的中小武士们却没有从幕府那里得到一点好处，他们的生活日益贫困，不得不把自己的领地抵押于高利贷者，依约在一定期限内须付偿本利始能赎回其土地。幕府为了救助濒于破产的中小武士，以挽回自己的威信；另外，为了防止元军的再次来犯，加强九州

---

① 《高丽史》第一，卷二十七《元宗三》。
② 《高丽史》第一，卷二十八《忠烈王一》。

沿海的防务，做到长期有备，知道还得依靠这些人。所以，幕府于1297年颁布了"德政令"，禁止武士们出卖领地或做抵押，已出卖或抵押的，则可不必偿还借贷，而无条件地将土地收回。这个"德政"实则"恶政"，它遭到了高利贷者的坚决反对，并且引起了财政经济上的混乱，因此不久便自动废止了。幕府不但没有能够挽回威信，结果使更多的中小武士们对它失去了信任。

当中小武士们日益破产的时候，武士中的守护、地头等强有力者（大名），却乘机将破产武士们的领地收买或者典押过来甚至不法地进行掠夺，并利用他们对幕府的不满，拉拢成为自己的部下，以扩充个人势力。当时全国各地普遍发生了天灾，农业歉收，时疫流行，许多田地荒芜了。但是幕府为了解决战争造成的财政困难，反而进一步增加对人民的榨取，从而更加重了人民的负担，迫使农民起义和反抗不断发生。镰仓幕府由此而衰败下去。

东征所造成的危害还不仅仅如此，其最大的历史影响就是导致了后来为害元末以至整个有明一代的倭患。

关于倭患的起因，很早就有人在进行研究和探讨。明人钱薇在《海上事宜议》中曰："吾尝观史，唐宋以来，但修贡而不闻寇抄，中国亦加优恤，不为防御。如汉赐以印绶，魏封亲魏倭王。晋使都督百济等六国，唐赐燕鳞德殿，授使臣官左补阙或赐书籍佛经。自宋雍熙至嘉定，贡使不绝，时或失风，诏给常平米钱瞻养，何尝为寇而防之哉。元初尝入寇。世祖谕之不从，命范文虎等率舟师十万讨之，尽没五龙山下。终元世为寇横甚，何也？海石子曰，是有说也。唐宋以来，倭奴利吾华物，故修贡也勤。元为海运，倭奴劫掠运舟，已满其欲奚藉贡市乎。是宋以前，我执其利柄，而彼求之。元之时，彼乘其利便而每为我患，故寇不在唐宋，而在元也。"① 明归有光亦曰："元人五龙之败，此繇将帅之失，使中国世世以此创艾而甘受其侮，非愚之所知也。"② 这是颇有道理的。

第一次战争刚刚结束，身受东征其害的日本西部沿海之民就开始了复仇的海盗活动，他们把怒火首先倾泻到近邻高丽身上。至元十五年（1278 年）七月，忽必烈罢高丽合浦之镇戍军时，高丽忠烈王就曾因倭寇屡屡侵扰上奏曰："留合浦镇戍军以备倭寇。"③ 至元十七年五月，"倭贼入固城、漆浦掳渔者而去，遣大将军韩希愈防守海道，又选赤巡马诸领府等二百人分守于庆尚全罗道。倭贼又寇合浦，掳渔者二人以归，乃遣大将军印侯、郎将池宣告于元"④。倭寇已成了高丽国内政治不稳定的重要因素，翻开高丽的历史，我们不难看出，尽管高丽人民由于天灾人祸，已经衣不蔽体、食不果腹，但高丽王对忽必烈的再举征日却是多么的积极支持。"日本一岛夷耳，恃险不庭，敢抗王师，臣自念无以抱德，愿更造船、积谷，声罪致讨，蔑不济矣。"⑤ "以我军镇戍耽罗者补东征之师……臣躬至合浦阅送军马。"⑥ "小国已

① 《明经世文编》卷二一四《承启堂文集》卷一。
② 《明经世文编》卷二九四《归太仆文集》卷一《御倭议》。
③ 《高丽史》第一，卷二十八《忠烈王一》。
④ 《高丽史》第一，卷二十九《忠烈王二》。
⑤ 《高丽史》第一，卷二十八《忠烈王一》。
⑥ 《高丽史》第一，卷二十九《忠烈王二》。

备兵马船九百艘，艄工水手一万五千名，正军一万名，兵粮以汉石计者十一万，什物机械不可缕数，庶几尽力以报圣德。"① 其原因就是苦于倭寇侵掠，妄图借元军之力平之，以绝后患。

两次战争后，日本中小武士的贫穷化，更促进了海盗行径的发展，高丽半岛南部已全部成为此种海寇的活跃区，他们的主要目标是掠夺当地国库中的租米以及获得俘虏。至元十九年（1282 年）正月，高丽王又"以日本寇其边海郡邑，烧居室掠子女而去，请发阇里帖木儿麾下蒙古军五百人戍金州"，忽必烈许之②。由于倭寇侵扰愈演愈烈，高丽王也愈来愈焦急，因此对忽必烈复征日本的计划也更加热心。至元二十九年九月，忽必烈遣洪君祥问征日本事，王对曰："臣既邻不庭之俗，庶当躬自致讨，以效微劳。"③ 十月，并主动致书日本，以宋朝亡国的例子，警告之："殷鉴不远，古典云'顺天者昌，逆天者亡'，又云'抗衡为祸，和睦为好'，可不戒哉！可不儆哉！今我大元国皇帝陛下，千载应期，神圣文明，功德兼丰，仁慈宽厚，好生恶杀，德洽群生，普天之下，莫不感德，梯航辐辏，犹恐不及。贵国念我国之存，惩宋之亡，遣一介之使，奉一尺之书，朝于大元，则无损于今，有益于后，诚贵国社稷之福也。若恃阻大洋而不朝，存亡之机，未可知也，脱有不测之患，噬脐何及，自古未有恃险而能保国家者也，小邦爱处旧都，其势易弱，犹

---

① 《高丽史》第一，卷二十九《忠烈王二》。
② 《元史》卷二〇八《高丽传》。
③ 《高丽史》第一，卷三十《忠烈王三》。

且在宥，一视同仁，许安土着如向所陈。贵国邈在海外，但遣使入朝，决无后患，幸进退详酌"①，可还是不起作用。渐渐地倭患已开始漫延到中国南部沿海各地。至元二十九年（1292年），日本舟至四明求互市，舟中甲杖皆具。元人恐有异图，立都元帅府，以哈剌带将之，以防海道②。大德八年（1304年）"夏四月丙戌，置千户所，戍定海，以防岁至倭船"③。大德十一年日本倭商焚掠庆元，城内官衙寺院，罹兵火者甚多④，至大二年（1309年）倭又以所赍硫黄等药，焚毁明州都元帅府、录事司，及官署民居几尽⑤。起先倭寇还以通商贸易为掩护，到元末竟发展为公然的抢掠。从至正十八年（1358年）后，连寇濒海郡县，"从横来往。若入无人之境"，沿海数千里，备受荼毒。以后倭寇为患绵延竟达三百余年之久。

四

忽必烈对日本的东征，从性质上来讲，完全是由于其贪婪的野心而造成的，他要使自己成为天下唯一的君主，但日本却不甘屈服于他的脚下，奋起而抗之。因此，元世祖忽必烈两次对日本的征讨，无疑都是一种侵略的行为，而日本政府屡次怠慢、杀害来使，又催促了战争的早日来临。战争给

---

① 《高丽史》第一，卷三十《忠烈王三》。
② 《元史》卷十七《世祖本纪》十四。
③ 《元史》卷二十一《成宗本纪》四。
④ 《元史》卷九十九《兵志》二。
⑤ 《明州系年录》卷四。

中日两国人民带来了巨大的痛苦，数十年间，两国关系极度恶化。但战争却没有中断中日两国间的贸易往来和文化交往。

中国的富庶早已为日本人民所知。即使在战争时期，日本商人仍来华进行贸易。至元十四年（1277年），也就是忽必烈第一次东征后的第三年，日本商人拿着黄金来兑换铜钱，获得元政府的准许①。至元十五年十一月，"立淮东宣慰司于扬州，以阿剌罕为宣慰使。诏谕沿海官司通日本国人市舶"②。至元十六年，"日本商船四艘，篙师二千余人至庆元港口，哈剌歹谍知其无他，言于行省，与交易而遣之"③。由此可见，元政府对两国间的正当贸易往来，不但没有阻止，而且还以诚相待。

东征之役以后，日本人民由于两次都战胜了庞大的元朝舰队，大大地增强了民族的自信心和进取心，加上元朝富庶的经济和灿烂的文化吸引，所以沿海一带的人民纷纷乘舟前往中国经营贸易。他们带来黄金、刀箭、折扇、描金漆器、螺钿等日本独特产品，换回中国的铜钱、香药、什器、金栏、金纱、唐锦、唐绫、毛毡、茶叶和茶具，两国政府对此也不加干涉。至元末，中日间的友好贸易往来，竟然达到了历史上的最盛时代，往来极为平常，年年不断。据日本学者木宫泰彦统计："入元僧名传至今的，实达二百二十余人之多，至于无名的入元僧更不知几百人了。而这些入元僧都是

---

① 《日本外史》卷四《源氏后记·北条氏》。
② 《元史》卷十《世祖本纪》七。
③ 《元史》卷一三二《哈剌䚟传》。

搭乘商船，三三两两，来来往往的，可见当时开往元朝的商船是如何之多。日元德元年（1329年），文侍者为了邀请元僧明极楚俊来日前往元朝，到达杭州府径山，曾恳请元朝僧人竺仙梵仙东渡。当时梵仙考虑到难以再回元朝，表示踌躇，轻易下不了决心时，文侍者就劝他说：'此船一去，明年即便又来，但随意耳。昔兀庵（普宁）亦回，西涧（士昙）回复往。'这几句话很简单，但已充分说明日本商船不断驶往元朝的情况。"①

随着两国贸易商船的频繁往来，在输入日本的贸易品中除铜钱、香药、什器、茶叶、丝织品、毛毡等物外，还有大量的经卷、书籍、文房用具和绘画。特别是元僧的到达，带来了丰富的元朝文化，对于日本文化的各个方面都产生了重大的历史影响。如大德三年（1299年）三月，元成宗命浙江普陀山高僧妙慈弘济大师一山一宁持国书使日本，以期通好，因目的未达留日，遂在京都、镰仓等处广开法席，前后凡二十年，受到上下尊信极笃，给予日本精神界造成很大的影响和刺激，自弘安以来的几乎断绝了的中国留学重又多了起来。一山一宁极为博学多识，"教乘诸部、儒道百家、稗官、小说、乡谈、俚语，出入泛滥，辄累数幅，是以学者推博古。又善鲁公屋漏之法，携纸帛乞扫写者，铁阃或可折矣"②，这对于日本的学术、文学、书法、绘画等方面影响也是极其深远的。无怪后宇多上皇遥慕他的高风，特下诏关

---

① 木宫泰彦：《日中文化交流史》南宋元篇第三章。
② 《一山国师妙慈弘济大师行记》。

东，请他住到著名的南禅寺来。延祐元年（1314年）秋，一山一宁疾死，上皇赐国师号，又敕建塔于龟山庙侧，还亲自制以像赞，赐"法雨"匾额，可见重视之程度。

元僧的来到，给予日本热心求法的僧人很大的激励，渡海西行的僧人与日俱增，他们到了中国，不仅深研佛教，而且还学习了儒学、诗文、书画、建筑、印刷及茶道等各个方面的知识。回国时，他们并带回大批的实物，使得日本文化不断地受到来自中国方面的新的刺激，其最显著者，是日本的五山文学，它完全脱离了乡土的气息，似乎成了宋元诗文的一分派了。关于这一方面，过去已有许多日本学者做过较为详细深入的研究，因此本文不再赘述。

另外，值得注意的是，在第二次东征中，于八角岛被日军俘虏而免遭杀死的数千元朝新附军，均是具有一定技术能力的人。据从日本逃归的南路军总把沈聪等六人云："值恶风，船败，众军十三四万同栖一山，十月（疑为闰七月误）初八日，日本军至，我军饥不能战皆降，日本择留工匠及知田者，余皆杀之。"① 这些人被分置于京都、关东各地，易其服而奴之，后来逐渐融合于日人之中，他们特有的专长、丰富的知识，对日本的科学技术和农业生产的发展所起的重要作用，也应是我们所不容忽视的，只可惜历史未能留下足够的史料以资我们今天佐证。

---

① 《高丽史》第一，卷二十九《忠烈王二》。

东征之役完全是由于蒙古统治者的贪婪野心一手造成的，战争中人民只有蒙受其难，而无权过问，虽然两国的经济、文化交流在客观上得到促进，但也不能是战争制造者的功劳。中日两国是一衣带水的近邻，两国人民无论在什么时候，或什么样的特殊情况下，都始终保持着密切的交往和文化联系。历史已经充分证明了这一点。

原载《元史及北方民族史研究集刊》第 9 辑，1985 年 3 月版。

元代海上粮运考[*]

提要 忽必烈统一中国后，为了巩固元王朝的统治，创立了海上粮运事业。它不仅解决了元大都的粮食供应问题，而且对南北方的政治、经济、文化的沟通和繁荣起了重要的促进作用。它与明朝"郑和下西洋"同等重要，在中国航海史上，是影响最大、意义最深远的事件之一。正如《元史·食货志》所说："民无挽输之劳，国有储蓄之富，岂非一代之良法欤。"本文仅就元代大都的粮食供应问题，海运的创立及历年运数，海粮的作用与影响，元廷对海粮运输的管理，元航海技术的提高以及海运路线等，作一探讨。

一

长江以南的广大地区，自古以来就是盛产粮食的鱼米之

---

[*] 此文是 1983 年 4 月参加中国元史研究会第二届年会时提供的参会学术论文，当时题目为《元代海上粮运考》。《亚州文明》丛刊创刊号在登载时改成了《元代海上粮运初步研究》，现仍用原名。

乡，而我国历代封建王朝的统治中心，却大都是设在农业经济不发达的北方，这样，帝王们为了巩固其统治，就必须"取东南之粟以实京师"①。南粮北调，这种状况自秦汉即已开始，至唐宋皆然。由于唐以前多数王朝都关中，宋都汴梁（今河南开封），距江南较近，又有许多天然河流可利用，因此粮食无论是陆运还是漕运，都比较方便。1260年，忽必烈夺得帝位，把更北方的原金朝中都（今北京）定为元王朝的都城——大都。"元都于燕，去江南极远，而百司庶府之繁，卫士编民之众，无不仰给于江南"②，特别是大都的粮食供应，更成了元政府至关重要而又难于解决的重要问题。

至元十二年（1275年），元军占领江南，始运江南粮。时黄河自河南开封南流，经杞县、睢阳、徐州，夺古泗水合淮入海。运粮漕船自浙西涉江入淮河，由黄河逆水西北至中滦（今河南封丘县西南）旱站，换车转陆运至淇门（今河南汲县东北），再转船入御河（今卫河），至直沽，然后经隋白河（即潞河）至通州（今北京通县），又换车转陆运五十里，方达于大都城内。由于途中两次换转陆运，加上线路曲折，需要耗费大量的人力物力，粮食损失也极为严重，"尽力一年，惟可运三十万石"③，这远远不能满足大都的众多人口需要。

至元十三年（1276年），元政府开始寻觅新的路线，

---

① 《元史纪事本末·漕运》。
② 《元史》卷九十三《食货志》一"海运"。
③ 《大元海运记》卷上（《雪堂丛刻》本）。

"穿济州漕渠"和"穿武清蒙村漕渠"①。至元十七年
（1280年）二月，发侍卫军三千疏浚通州运粮河。是年七
月，从莱州人姚演言，命阿八赤自山东胶西陈村等处开胶河
海运②，试图把流往东海的沽河与流往渤海的胶水连接起
来，这样运粮船就可以从淮河入海，取海道沿岸东北行，进
麻湾（今山东胶州湾），穿胶莱运河，过莱州大洋，到达直
沽，再往京师。至元二十二年，参政不鲁迷失海牙等奏：
"自江南每岁运粮一百万石，从海道来者十万石，阿八赤、
乐实二人新挑河道运者六十万石，济州奥鲁赤所挑河道运者
三十万石。"③ 虽然后来胶莱运河由于水源不足，航道浅涩，
到至元三十一年（1294年）即告"不能行舟"④，但不鲁迷
失海牙的奏告说明了胶莱运河河成这几年，江南粮的百分之
六十都是通过此道运往大都的。可见，胶莱运河的开辟实为
元代海上粮运的最早尝试，它使粮运既免除了挽输之劳，又
回避了大海的风涛之险，具有非常重要的实际意义，它对于
发展我国的海上航运事业，加速南北方的经济文化交流，也
无不具有重要的启发和参考价值。无怪乎至明朝嘉靖和隆庆
年间，又屡有人提出疏浚元人开掘的胶莱新河一事，"夫今
之议海运者，名虽海洋，实无异于漕河矣。若自南直隶淮安
府淮河入支家河，至涟子口河，计三百八十里。入于海，由

---

① 《元史》卷九《世祖本纪》六。
② 《莱州府志》，见《古今图书集成·经济汇编·食货典》第一百六十卷
《漕运部汇考六》。
③ 《大元海运记》卷上。
④ 《元史》卷六十五《河渠志》"济州河"。

海至山东安东卫，至胶州麻湾海口二百八十里，风帆一日一夜，自淮抵胶矣。由麻湾胶莱河至海仓大海口，三百五十里入海，大海口系唐头一百二十里，唐头至小圣庙洋二百里，小圣庙洋至北直小直沽河八十里，又一百五十里抵天津卫丁字沽，风帆二日二夜，海仓亦抵天津矣，通计一千四百余里，而海洋之中不过六百里耳。回视登莱故道，风涛万里，洋礁蝟集，势之险易，殆悬绝矣"①。后都因工程浩大，开支太多，没有得到政府的大力支持而被搁置。

至元十八年（1281年），元政府又议开济州河，凿通汶水至泗水段，与淮河运道相连。于是江南漕船不再走中滦，直接从淮河经徐沛入新开的济州河，再入大清河即今黄河正流，至利津入海，经海道至直沽往大都。但是，因利津"海口沙壅"，又不得不放弃此道，改从济州河至东阿旱站，陆运二百里互临清，入御河，仍由旧道去大都。数年来，元政府为了找到一条便捷省钱的南北运道，真是煞费心机，但都"劳费不资，卒无成效"②。

二

至元十九年（1282年），由于"时方挽漕东南供京师，运河隘浅，不容大舟，不能百里、五十里辄为堰潴水，又绝江淮，溯泗水，吕梁彭城，古称险处，会通河未凿，东阿往

---

① 崔旦：《海运编》卷上（《借月山房汇钞》本），又见《学庵类稿·明食货志漕运》。

② 危素：《元海运志》（《学海类编》本）。

平道中，连运三百里，转输艰而糜费重"①。为了解决这一问题，承相伯颜根据至元十三年（1276 年）曾取海道运亡宋库藏图籍至大都一事，向元世祖建议采用海路运粮，同时命上海总管朱清、张瑄、罗璧等造平底海船六十艘，载粮四万六千余石，自刘家港（今江苏太仓县）出发，开始试运，因"沿山求屿，风信失时，明年始至直沽"②。时朝廷并不知海运之利，仍把注意力的重点放在抓内河漕运上。

初，海运粮一年仅四万余石，到至元二十六年（1289 年）已猛增至粮米九十余万石。是岁，又改每年一次运为一年春夏二次运，装粮在船，二月开洋，四月到于直沽交卸，五月回还，复运夏粮，至八月又回本港。至元二十七年（1290 年），朱清改海道，"自扬子江开洋，落潮往东北行使，出离长滩至白水绿水，经黑水大洋③，望北寻望延真岛，使转成山，正西行使，流入沙门岛，开放莱州大洋收进界河，远不过一月之期，近不过半月之限，俱至直沽。以漕运利便，是岁加封朱万户为浙江省参政，张万户为浙江盐运司都运之职，每岁专从此道驾使船赴北京，将及二十余年"④。

---

① 陶宗义：《南村辍耕录·朱张》。
② 《元史》卷九十三《食货志》一"海运"。
③ 海水因阳光照射，深浅不同，水色也随之不同，离岸愈近，水愈浅，颜色就发青发绿，离岸愈远，水愈深，颜色就发蓝发黑，故我国古代海运史料常有青水洋、绿水洋、黑水洋之称。长江口附近，因江水夹带大量的泥沙，水色又显黄白色，故又有白水或黄水洋之称。
④ 《登州府志·海运》，见《古今图书集成·经济汇编·食货典》第一百五十九卷《漕运部汇考六》。

元代的海上粮运活动，前后共历 80 年之久。现将每年的运粮粮数统列一表如下，以供参阅：

元代海运粮数一览表

元纪年	公元年	运出粮数（石）	运到粮数（石）	损失数（石）	每石欠（升）
至元二十年	1283 年	46,050	42,172	3,878	8.4
二十一年	1284 年	290,500	275,610	14,890	5.1
二十二年	1285 年	100,000	90,771	9,229	9.2
二十三年	1286 年	578,520	433,950	144,570	24.9
二十四年	1287 年	300,000	297,546	2,454	0.8
二十五年	1288 年	400,000	397,655	2,345	0.5
二十六年	1289 年	935,000	919,943	15,057	1.6
二十七年	1290 年	1,595,000	1,513,856	81,144	5
二十八年	1291 年	1,527,250	1,281,615	245,635	16
二十九年	1292 年	1,407,400	1,361,513	45,887①	3.2
三十年	1293 年	908,000	887,591	20,409	2.2
三十一年	1294 年	514,533	503,534	10,999	2.1
元贞元年	1295 年	340,500	340,500②		
二年	1296 年	340,500	337,026	3,474	1
大德元年	1297 年	658,300	648,136	10,164	1.5
二年	1298 年	742,751	705,954	36,797	4.9
三年	1299 年	794,500	794,500		
四年	1300 年	795,500	788,918	6,582	0.8
五年	1301 年	796,528	769,650	26,878	3.3

---

① 《太仓州志》载，此年损失数为四万五千八百八石七斗，当遗漏"八十"两字，见《大元海运记》。

② 据《大元海运记》载，此年与大德三年海运粮俱到。《元史》未载，只有运出数。

元纪年	公元年	运出粮数（石）	运到粮数（石）	损失数（石）	每石欠（升）
六年	1302 年	1,383,883	1,329,148	54,735	3.9
七年	1303 年	1,659,491	1,628,508	30,983	1.8
八年	1304 年	1,672,909	1,663,313	9,596	5.5
九年	1305 年	1,843,003	1,795,347	47,656	2.5
十年	1306 年	1,808,199	1,797,078	11,121①	5
十一年	1307 年	1,665,422	1,644,679	20,743	1.2
至大元年	1308 年	1,240,148	1,202,503	37,645	3
二年	1309 年	2,464,204	2,386,300	77,904	3.1
三年	1310 年	2,926,533	2,716,913	209,620	7.1
四年	1311 年	2,873,212	2,773,266②	99,946	3.4
皇庆元年	1312 年	2,083,505	2,067,672	15,833	0.7
二年	1313 年	2,317,228	2,158,685③	158,543	0.8
延祐元年	1314 年	2,403,264	2,356,606	46,658	1.9
二年	1315 年	2,435,685	2,422,505	13,180	0.5
三年	1316 年	2,458,514	2,437,741④	20,773	0.8
四年	1317 年	2,375,345	2,368,119	7,226	0.03
五年	1318 年	2,553,714	2,543,611	10,103	0.3

① 《太仓州志》载此年损失数为九万四百九十一石，当误。见《大元海运记》。

② 《大元海运记》为二百七十七万三千一百六十六石一斗九升六合，疑此处"一百"误，当为"二百"。见《元史》及《太仓州志》。

③ 《大元海运记》运到数为六十五万四千三十六石一升五合，损失数却为一十五万八千五百四十三石一斗一合，不知何故与《元史·食货志》的损失数正合。《太仓州志》损失数为十五万八千三十三石。

④ 《大元海运记》此年运到数为二百五十三万三千七百四十一石一斗八升五合，损失数为一万七百七十三石，当误。现据《太仓州志》及《元史·食货志》。

元纪年	公元年	运出粮数（石）	运到粮数（石）	损失数（石）	每石欠（升）
六年	1319年	3,021,585	2,986,017①	35,568	1.1
七年	1320年	3,264,006	3,247,928	16,078	0.4
至治元年	1321年	3,269,451	3,238,765	30,686	0.9
二年	1322年	3,251,140	3,246,483	4,657②	0.1
三年	1323年	2,811,786	2,798,613	13,173	0.4
泰定元年	1324年	2,087,231	2,077,278	9,953	0.4
二年	1325年	2,671,184	2,637,051③	34,133	1.2
三年	1326年	3,375,784	3,351,362	24,422④	3.6
四年	1327年	3,152,820	3,137,532	15,288	0.4
天历元年	1328年	3,255,220	3,215,424	39,796	1.2
二年	1329年	3,522,163	3,340,306	181,857	0.1
至顺元年	1330年	2,000,000			
二年	1331年	2,000,000			
三年	1332年		690,000		
元统元年	1333年		1,300,000		
至元二年	1336年		（不详）⑤		

① 《大元海运记》此年运到数为二百九十八万六千七百一十七石九斗七升八合，损失数为三万四千八百九十一石九斗一升一合。现据《太仓州志》及《元史·食货志》。

② 据《大元海运记》载，此年还附运余香白糯米一万八千九百四十二石六斗一升二合，因此，损失总数应为二万三千五百九十九石。

③ 《大元海运记》此年运到数为二百六十三万七千七百五十一石八斗九升四合，损失数为三万三千四百三十二石七斗五升。现据《太仓州志》及《元史·食货志》。

④ 《太仓州志》此年运到数为三百二十五万一千三百六十二石，损失数为一十二万四千四百三十二石。现据《元史·食货志》及《大元海运志》。

⑤ 据《元史》卷三十九《顺帝本纪》二载，是年八月辛卯，以徽政院、中政院财赋府田租六万三千三百石，补本年海运未敷之数。

元纪年	公元年	运出粮数（石）	运到粮数（石）	损失数（石）	每石欠（升）
三年	1337 年		3,000,000		
至正元年	1341 年	2,800,000			
二年	1342 年	2,600,000			
十四年	1354 年	（百万石）①			
十九年	1359 年	（数十万石）②			
二十年	1360 年	110,000			
二十一年	1361 年	110,000			
二十二年	1362 年	130,000			
二十三年	1363 年	130,000			

　　从上表中所列粮数我们不难看出，元代的海上粮运有过几次较大幅度的激增。第一次是在海运刚刚成功后的至元二十一年（1284 年），为了应敷当时东征日本的急需，忽必烈特"敕漕江淮米百万石，泛海贮于高丽之合浦，仍令东京及高丽各贮米十万石，备征日本"③，所以海运粮数猛增至近三十万石。但是，长年的战争使人民无法得到休养生息，两次征日之需，几乎尽为江南所出，"百姓愁戚，官府扰

---

　　① 《元史》卷一八七《贡师泰传》载，师泰奉命和籴于浙右，得粮百万石以给京师。
　　② 《元史》卷一八七《贡师泰传》为至正二十年，当误。按《玩斋集》卷七《娱亲堂记》、卷八《祭程以文》及《贡师泰神道碑铭》均十九年往福建，以闽盐易粮给京师，得数十万石。此时，陈友定亦自闽岁输粟数十万石，但至者仅十三四，见《明史·陈友定传》。
　　③ 《元史纪事本末·日本用兵》。

攘"①，"民间骚动，盗贼窃发"②，因此至元二十二年
（1285年）海运粮只得十万石，这时局势正如礼部尚书刘宣
所云："此役不息，安危系焉。"③ 忽必烈迫于无奈，只好于
至元二十三年（1286年）春，下令停征日本，消息传来，
江浙一带军民"欢声如雷"④，是年海运粮遂又得五十七万
八千余石之多。第二次是在至元二十六年（1289年），元朝
政府已开始认识到海运之利，"民无陆负之苦，且米石省运
估八贯有奇"⑤，为了满足日益增长的大都人口的食需，决
定"海道漕运江南米须及百万石"⑥，并改原每年一次运为
一年两次运，运数高达九十三万余石。第二年改海道，航程
缩短，船艘变大，所以运数又成倍增加至近一百六十万石。
至元三十年（1293年），京师各仓皆满，海粮无处搁放，才
将运数递减。1294年忽必烈死，成宗铁穆耳继位，"以京畿
所储充足，诏止运三十万石"⑦。第三次激增是在大德六年
（1302年），因大都、平滦等路去岁大水，"被灾尤甚"，
"京畿二十一站阙"⑧，遂又将海运数从七十九万，猛增到一
百三十八万余石，在以后的数年内一直保持着向上的势头，
到至大二年（1309年）更是猛翻一倍，海运粮达到二百四

① 《元史》卷一六八《刘宣传》。
② 《元史》卷十二《世祖本纪》九。
③ 《元史》卷一六八《刘宣传》。
④ 《元史》卷一六八《刘宣传》。
⑤ 《元史》卷十五《世祖本纪》十二。
⑥ 《元史》卷十五《世祖本纪》十二。
⑦ 《元史》卷十八《成宗本纪》一。
⑧ 《元史》卷二十《成宗本纪》三。

十六万余石。这时，不但大都依赖海粮，就是周围地区以及上都和辽东地区也常常靠海粮来应急。因此，这以后每年运粮数字还是不断上涨，到天历二年（1329 年）运粮数竟高达三百五十二万二千一百六十三石，是为元历年海运粮数最多的一年。故《经世大典序录·海运》篇赞曰："内外官府，大小吏士，至于细民无不仰给于此。於戏！世祖之德，淮安王之功，逮今五十余年，福民之泽曷穷极焉。"①

三

元代海运的粮食品种有稻谷、白粳米和黑豆，另外还有专供宫廷皇室食用的香莎糯米，每年用布袋单独直接装运至大都醴源仓交卸。海粮除主要供给大都的政府机构及守军食用外，还有两个重要的用途：一是供辽阳军戍。辽粮因需而输，海船至沙门后分艐北上，经砣矶、牵牛、大竹等岛至辽东，每次均在十万石以上，"诸军赖以济"②；二是用于大都赈粜之制。由于"京师乃天下之都会，人物繁耄，逐末者多仰给海运粮"③。至元二十二年（1285 年）朝廷设铺肆，分遣官吏，发海运粮，减其市直以赈粜，岁以为常。元贞元年（1295 年）粜粮七万余石。二年以后，每年所粜，多至四十余万，少亦不下二十万石。至大元年（1308 年）每日粜米达一千五百石，自是，每年所粜，率五十余万石。朝廷

---

① 《国朝文类》卷第四十。
② 《元史》卷一六六《罗璧传》。
③ 《国朝文类》卷第四十《经世大典序录·赈货》。

赈粜粮虽多，可多为豪强嗜利之徒巧取，弗能周及贫民。大德五年（1301年）朝廷始令有司籍两京贫乏户口之数，置半印号簿文帖，各书其姓名口数，逐月封帖以给。大口三斗，小口半之。其价视赈粜之直，三分常减其一，名曰红帖粮，与赈粜并行，每年拨米总有二十万四千九百余石之多①。除此之外，还常"增海漕，命运粮给北地及河南"②赈贷。总之，"如值禾稼不收，人民艰食，海运多得济亳、懿州一带，迤东贫民多聚集时，并高丽地，数岁缺食，亦仰此海运赈救"③。

源源不断的海运之粮，既满足了统治者的需要，又暂时稳定了人民的生活，从而也就保证了元朝——中国第一个由少数民族占统治地位的封建统一政权的巩固与发展。但是，过分地依赖海粮，却又给元朝统治者带来了致命的弱点。整个有元一代，北方的农业经济生产一直未能很好地发展起来，其重要原因之一就在于此。因此，海运粮道一俟断绝，元统治者的宝座就开始动摇了。

天历二年（1329年）后，海运粮数《元史·食货志》不载，这是因为元朝后期，江南产粮区屡遭水患，大批农田被水淹没，人民流离失所，使得一年两次的海运粮常常不能保证或不足定额。至顺元年（1330年）二月，中书省言江浙民饥，今岁海运米只有二百万石，其不足待来岁补运。但

① 《元史》卷九十六《食货志》四"赈恤"。《国朝文类》卷第四十《经世大典序录·赈货》。

② 《古今图书集成·经济汇编·食货典》第一百六十卷《漕运部汇考六》。

③ 《大元海运记》卷上。

到了当年九月，江浙行省却言"今岁夏秋霖雨大水，没民田甚多，税粮不满旧额，明年海运本省止可二百万石，余数令他省补运为便"，朝廷无法，只好同意，"罢入粟补官例，籴豆二十三万石于河间、保定等路"①。至顺三年（1332年），江浙平江、湖州等路水伤稼，原定发海运粮二百六十万石，改为一百九十万，江西发十万，后又以"江浙岁比不登，其海运粮不及数，俟来岁补运"②，实际上只运了六十九万余石至京师③。至顺四年即元统元年（1333年），仅补运去岁之不足。元统二年（1334年），江浙大饥，灾情非常严重，据中书省统计，受灾之户达五十九万五百六十四家，"发米六万七百石，钞二千八百锭，及募富人出粟，发常平、义仓赈之"，原准备海运大都的七十八万三百七十石粮食，也停运存仓"以备不虞"④。

惠宗至元年间，江南灾情未消，又添新灾。至元元年（1335年），江西大水，民饥，赈粜米七万七千石，减田租之米。二年（1336年），江浙旱，自春至八月不雨，民大饥。八月，以徽政院、中政院财赋府田租六万三千三百石，补本年海运未敷之数。九月，海运粮至京，粮数未载。三年（1337年），任搠思监江浙行中书省参知政事，"国用所倚，海运为重，是岁，搠思监被命督其役，措置有方，所漕米三百余万石，悉达京师，无耗折者"⑤。四年（1338年）二

---

① 《元史》卷三十四《文宗本纪》三。
② 《元史》卷三十七《宁宗本纪》。
③ 《元史》卷三十六《文宗本纪》五。
④ 《元史》卷三十八《顺帝本纪》一。
⑤ 《元史》卷二〇五《搠思监传》。

月，龙兴路南昌州饥，以江西海运粮赈粜之。

至正元年（1341 年），通计江南三省所运，加起来止得二百八十万石。二年（1342 年），又令江浙行省及中政院财赋总管府拨赐诸人寺观田粮，尽数起运，也仅得二百六十万石而已。

元末，江南农民起义爆发，漕粮已完全断绝。海运粮在至正三年（1343 年）后，每年虽还征籴，但运道受阻，实际上已停运。至正八年（1348 年）平江、松江水灾，将海运粮十万石赈之。是年，浙江台州方国珍起义，聚众数千人于海上，打劫政府海运之粮。十二年（1352 年）二月，参政知事樊执敬督海运于平江，"卜日将发，官大宴犒于海口。俄有客船自外至，验其券信令入，而不虞其为海寇也。即入港，即纵火鼓噪，时变起仓猝，军民扰乱，贼竟焚舟劫粮以去"[1]。遂于是年五月正式停运海粮。很快大都即闹饥荒，"京师阙食"[2]。为了解决大都的粮食供应，元政府不得不采取紧急措施，听取丞相脱脱的建议："京畿近地水利，召募江南人耕种，岁可得粟麦百万余石，不烦海运而京师足食"[3]，在河南选择了八处低洼水泊之地，进行屯田，以供京师之食，并在汴梁增设了正三品的都水庸田使司，来掌管种植稻田之事，但收效甚微。

海运停止了，但是元政府还时刻不忘重新恢复这一重要的粮食供应通道，每年继续下诏"江浙粮，尽数赴仓，听

① 《元史》卷一九五《樊执敬传》。
② 《元史》卷九十二《百官志》八"都水庸田使司"。
③ 《元史》卷四十二《顺帝本纪》五。

候海运"①，"十月开仓，尽行拘收……贮濒河之仓，以听拨运"②。至正十四年（1354 年），贡师泰奉命和籴于浙右，得粮百万石以给京师，迁兵部侍郎。至正十六年（1356 年）方国珍降，被任为海道运粮漕运万户兼防御海道运粮万户。次年，张士诚亦降，诏以太尉，海道遂稍安。至正十九年（1359 年）遣户部尚书贡师泰往福建，以闽盐易粮给京师，得数十万石，朝廷赖焉。同时，陈友定亦自闽岁输粟数十石，但"海道辽远，至者尝十三四"③，不解决什么问题。至正二十年（1360 年），又命张士诚海运粮十一万石至京师。二十一年如上年数。二十二年运一十三万石，比上年增二万石。二十三年五月再运十三万石至京师，此时，朱元璋已攻占金陵，江东之地尽为其所有。为了保持个人势力，九月，张士诚据安丰，杀刘福通，自称吴王，朝廷派"户部侍郎博罗帖木儿等征海运于张士诚，士诚不与"④。至此，元海上粮运的活动终于彻底停止，元朝灭亡的命运也就不可避免地加速来到了。

四

元廷对海粮运输的管理。有元一代，海上粮食运输的损失是很严重的，我们从前面所列《元代海运粮数一览表》

---

① 《元史》卷四十三《顺帝本纪》六。
② 《元史》卷四十四《顺帝本纪》七。
③ 《明史》卷一二四《陈友定传》。
④ 《元史》卷四十六《顺帝本纪》九。

中粮食损失数字可以清楚看出，每年少则几千石，多则达几十万石，最多一年是至元二十八年，损失竟达二十四万五千六百三十五石之多。究其原因，主要是它不同于现代海运，其动力完全依赖自然的风力，一旦风汛失时，就得泊岸等待，加上海道艰险，浅沙暗礁颇多，稍有不慎，就有葬身鱼腹之祸，并且，虽说出发时，粮船都得聚齐才能开洋，但船队在海上航行，相互间都得保持一定的距离，一遇风浪，就被吹得四散飘零，无法互相照顾，有的幸运到达，有的倾覆海底，有的则散失。因此，粮船到达目的地，绝少有齐全的。

另外，关于每岁海运的粮数，也均不足实际数字。据表中每石欠数一栏载，从至元二十年（1283 年）开始直至天历二年（1329 年）止，四十五年间，岁运之粮每石分量没有一次是足数的，少得最多的一次是在至元二十三年（1286 年），每石粮平均差欠竟达二斗四升九合，占每石数的百分之二十四点九。按此年数，运出粮是五十七万八千五百二十石，运到数是四十三万三千九百五十石，除去途中损失数十四万四千五百七十石，再加上每石平均欠二斗四升九合，又少了十万八千零五十三石五斗五升粮，实际当年运到数只有三十二万五千八百九十六石零四斗五升。即使我们按运数最足的延祐四年（1317 年）每石粮食平均只差欠三勺来算，当年运出数二百三十七万五千三百四十五石，运到数二百三十六万八千一百一十九石，途中损失七千二百二十六石，除去每石平均差数，实际当年运到数是二百三十六万七千四百零八石五斗六升四合三勺，也少了七百一十石四斗三升五合七勺粮。考其元代的度量衡，全国各地相差都很大。王恽在其《论均平秤尺斛斗事状》中就指出："书云同律度量衡，帝舜所以资治也。今民间升斗秤尺有出入之异，往年虽有禁令，有司灭裂竟莫曾行，今后合无制造法物官为印烙，颁降州县一体施行。"① 另据《元史·食货志》云：至元十九年二月，"又用耿左丞言，令输米三之一，余并入钞以折焉……其输米者，止用宋斗斛，盖以宋一石当今七斗故也"。这种现象其实到元末也未能得到真正解决。所以，平章薛彻干等为此奏曰："江南斗小，至此斗大，以此折耗者有之"②，此当属一个重要原因，但也并不是全部原因。我认为，根据每年所缺粮数的不等情况来看，大概每石粮在"顾觅里河民船，剥至太仓装海船，其间东量西折"时就已短少③，加上"日气曝于上，海气蒸于下"④，以及船户"窃所载以肆"⑤，粮食岂有不缺。

不过，自至元十九年（1282 年）海运开辟以来，"虽风涛不测，粮船漂溺者，无岁无之，间亦有船坏而弃其米者，然视河漕之费，则其所得者多矣"⑥。海运粮已经成了京师内外官府、大小吏士以至普通平民百姓的主要依靠，"为国计者大矣"。一旦粮船不至，京师即告"阙食"。因此，整

① 王恽：《秋涧先生大全文集》卷八十六。
② 《新元史·食货志·海运》。
③ 《大元海运记》卷上。
④ 郑元祐：《侨吴集·亚中大夫海道副万户燕只哥公政绩碑》。
⑤ 虞集：《道园学古录·昭毅大将军平江路总管府达鲁花赤兼管内劝农事黄头公墓碑》。
⑥ 《古今图书集成·经济汇编·食货典》第一百七十五卷《漕运部·古今治平略二》。

个有元一代对海上粮运的管理，尤为重视，海运之官也尤为得宠。

至元二十年，元政府置海道运粮万户府，归行中书省管辖，秩正三品，掌每岁海道运粮供给大都。万户府设达鲁花赤一员、万户一员，并正三品；副万户四员，从三品；经历一员，从七品；知事一员，从八品；照磨一员，从九品；镇抚二员，正五品。其属海运千户所，秩正五品。副千户三员，从五品。

至元二十三年（1286年），以昭勇大将军沿海招讨使张瑄、明威将军管军万户兼管海道运粮船朱清并为海道运粮万户。至元二十四年，元政府为了加强海粮运输的管理，始立行泉府司，专掌海运，并增置万户府二，加原立的二府，共四万户府。至元二十五年又立直沽海运米仓，内外分置漕运司二：内为京畿都漕运司，负责直沽往大都的运输；其在外者于河西务置司，负责领接处理从海上来的粮船事务。至元二十八年，用朱清、张瑄之请并四万户为都漕运万户府二，减其虚受俸禄、衰老不受风水之人，止令清、瑄二人掌之。其属有千户、百户等官，分为各翼①，以督岁运，张瑄负责六分，朱清为四分。"清、瑄故海盗也，故备知海道曲折，

---

① 据《大元海运记》卷上载：至元二十九年，张瑄万户府分为八翼，有庆元浙江翼、江湾上海翼、青浦翼、崇明翼、许浦沿江翼、大场乍浦翼、青龙翼、顾迳下押翼。元贞元年又并为四翼：青浦江湾翼、青龙顾迳翼、许浦崇明翼、大场庆元翼。大德七年再设六翼，取知、仁、圣、义、忠、和为名，崇明知字翼青号、青浦仁字翼红号、许浦圣字翼花号、青龙义字翼白号、大场忠字翼黄号、江湾和字翼黑号；朱清万户府分为七翼：有殷武略翼、朱忠显翼、陈承务翼、蔡忠武翼、朱承信翼、丁忠武翼、赵国显翼，至元三十年并为二翼：殷武德陈承务翼、蔡忠武杨忠显翼。

舟行无患，而元亦信任之，举全台付之，两人黄金虎符，万户以下出入其手，召募遍东南而莫之问，以此获其利。"[1]朝廷还因他们海运有功，"赐钞印，听其自印。钞色比官造加黑，印朱加红"[2]。至元三十年（1293 年）十月，以宋虞龙授明威将军海道都漕运万户，专管运送供宫廷食用的香白糯米事，别降印信，设千户一，百户三。

大德年初，立海道运粮万户府于江浙，大德四年（1300 年）又升朱清、张瑄为资善大夫并行省左丞相，移居太仓，富贵赫奕为东南之冠。大德七年（1303 年），"僧祖、芋汗二人有逆谋，枢密院断事官曹拾得从中主之、诏籍其家，逮清、瑄至京师。清叹曰：我世祖旧臣，鬼渥逾众，岂从叛逆，不过新进宰相图我家资，欲以危法中我耳。遂发愤以首触石而死，年六十七。瑄与子文虎、清子虎俱弃市，虎妻茅氏没官"[3]。朱清、张瑄获罪后，元政府将海道都漕运万户府三复并为一，委付方户六员，前孛可孙扎剌儿辣沙的为之长，建康路达鲁花赤阿里之子曰忽都鲁撒剌儿次之，余四员万户，以先所委色目、汉人、南人内谨慎有才者担之，仍带虎符。万户之下，合委千户、镇抚首领七十员。

元初海运之粮，主要来自江东宁国、池、饶、大平、建康及湖广、江西等处，粮米运至真州泊水湾（今江苏仪征）与海船对装，其海船多系大料底小，只可在海内行使，而江面窄狭，水势湍急，山矶数多，溯流而上，损坏船粮，年年

① 《续文献通考》卷三十一《国用二》"漕运"。
② 叶子奇：《草木子·杂制篇》。
③ 《新元史·朱清张瑄传》。

有之，实为不便。至大四年（1311年），朝廷遣官至江浙，议以嘉兴、松江秋粮，并江淮、江浙财赋府，岁办粮全充运，江南湖广粮米，令各路变钞或折价钱与之兑换，"船户支装快顺，不误风讯，亦免江河沙浅损失官粮之患，官民两便"①。于是，"海漕之利，盖至是博矣"②。

每年运粮海船开洋前，都要先聚齐，由万户府正官亲监港口点视完备，方可起发。每綜粮船配有押运官，并各用颜色标记及大字书写押运官职名容易辨认，以防"行船梢水军人，不时聚众下船侵害良民，劫掠人口财物，即便上船开洋去讫，陆路不能跟捉"③。另外，为了防止"舟行海中，愚无知者，窃所载以肆，欲舟至直沽，遗失无所从补，公为法，运官、舶主、庚卒、水工、碇手之属，得相收伺"④。船到直沽，依年例调军士一千迎接镇遏。船于河西务交卸，都漕运使司官"押印勘合关文，开坐所运粮数，分付押运官赍擎前去都漕运使司投下，比对元发半印号薄相同，都漕运使司亦同勘合，下仓支拨交装，毋致刁蹬停滞，就取押运官明白收管，随即具交装讫粮数，行移京畿都漕运司使照会行下省仓，依数收受"⑤。《玩斋集》曰"春夏运粮，舟将抵直沽，即分都漕运官出接运，中书省复遣才干重臣，从至海滦交卸，石以数百万计，而较计至于合勺颗粒，畸不得

① 《大元海运记》卷上。
② 《元史》卷九十三《食货志》一"海运"。
③ 《大元海运记》卷上。
④ 虞集：《道园学古录》卷四十一《明毅大将军平江路总管府达鲁花赤兼管内劝农事黄头公墓碑》。
⑤ 《大元海运记》卷上。

亏，盈不得溢，是亦难矣"。

元末顺帝年间，由于各地纷纷爆发了农民起义，海粮常常被劫，为了确保粮道的畅通，元政府于至正九年（1349年），添设了海道巡防官，给降正七品印信，掌统领军人水手，防护粮船，内有巡防官二员，相副官二员。至正十五年（1355年）秋七月，升台州海道巡防千户所为海道防御运粮万户府。是年九月，又立分海道防御运粮万户府于平江路。

五

海上大规模的运粮活动，有力地推动了元代航海技术的飞跃提高，特别是立标指浅的发明，灯标的设立，更是世界航海史上的一项重大发明创造，它标志着我国古代的航海事业在14世纪初已处于世界领先地位。

我国沿海一带浅滩暗沙很多，对航行极为不利，每年因此而遭船损人亡的事件屡屡发生。成宗大德初年，因受除者惮涉海上艰险，均不愿充任此海运之官，所以又采用"升等"的方法以优之，并"著为令"①，但还是收效不大。为了改变海上航行的恶劣条件，确保安全，运粮船户们自己在实践中摸索出一套海上航行的经验，"惟凭针路定向行船，仰观天象，以卜明晦，故船主高价召募惯熟艄工使司其事。凡在船，官粮、人命皆所系焉，少有差失，为害甚大"。他们并编出一套潮汛、风信、观象口诀，"虽是俗说"，但

---

① 《元史》卷一七七《张思明传》。

"屡验皆应"①。

至大四年（1311年），常熟州船户苏显又发明了立标指浅信号。据《大元海运记》卷下载：

> 至大四年十二月，海道府据常熟州船户苏显陈言立标指浅事，再行会集老僧运粮千户殷忠显、黄忠翊等，讲究得每岁粮船到于刘家港聚齐起发，甘草等沙浅水暗，素于粮船为害，不知水脉之人多于此上揍搁，排年损坏船粮，淹死人命，为数不少。今苏显备己船二只，抛泊西暗沙嘴二处，竖立旗缨，指领粮船出浅，诚为可采。今画到图本，备榜太仓周泾桥路漕官前聚船处所，晓谕运粮船户，起发粮船，务要于暗沙东。苏显鱼船偏南正西行使，于所立号船西边经过，往北转东落水行使，至黄连沙嘴抛泊，候风开洋，如是潮退，号上桅上不立旗缨，粮船只许抛住，不许行使。若有不依指约，因而揍浅，损失官粮之人，船主判院痛行断罪。

指浅信号船有如现代的航标灯，它设立在来往船只较多的水道上，使得沙浅水暗之处得以安全避让。苏显之举，"于官有益，于民有便"，因此被升擢为指浅提领。

延祐元年（1314年），又有船户袁源、汤屿等建议在江阴下夏港等九处一百余里间，差拨附近小料船只，设立谙知水势之人，于每岁装粮之际，驾船于沙浅处立标，指引粮船

---

① 《大元海运记》卷下《测候潮汛应验》。

过浅，不致疏虞。

直沽海口，是每年春夏海运粮船至大都的咽喉之地，因无高山大陵可为地物标志，加上泥沙淤壅，时有搁浅、损坏粮船之患。据《大元海运记》卷下载：

> 延祐四年（1317年）十二月，海道府承来江浙行省札付，准中书省咨送户部呈奉省判，御史台备监察御史呈：每年春夏二次海运粮储，万里海程，渺无边际，皆以成山为标准，俱各定北行使，得至成山，转放沙门岛、莱州等洋，约量可到直沽海口，为无卓望，不能入河，多有沙涌淤泥去处，损坏船只。合准所言，设立标望于龙山庙前，高筑土堆，四傍石砌，以布为幡，每年四月十五日为始，有司差夫添力竖起，日间于上悬挂布幡，夜则悬点火灯，庶几运粮海船，得以瞻望。部仪合准监察御史所言，今江浙行省计料成造，幡竿、绳索、布幡、灯笼、蜡烛趁迭来春运粮时月，发付海道万户府顺带至直沽交付有司收管，于海门龙山庙前竖立，昼则悬幡，夜则挂灯，何候春夏二运粮船齐足，方许倒卸，责付看庙僧人如法收掌，次年趁时复立，依上悬点。①

这实为我国第一座用以导引海上航船的海岸灯标，它的出现，是我国古代劳动人民的智慧结晶。

---

① 《大元海运记》卷下《记标指浅》。

灯标是灯塔的先驱，是海上航行的重要导航标志，我国到 15 世纪初的明代，已经开始在沿海一带普遍运用。如有名的上海宝山，就是明永乐十三年（1415 年）用人工堆成的航标台。台四边各长十丈，高三十余丈，昼则举烟，夜则明火，往来舟船称便，故被誉称为"宝山"。今天的宝山县地名就是由此得来。由于它的作用重大，永乐皇帝朱棣还曾亲自为其撰文立碑①。可惜的是，因历年潮水的冲蚀，宝山到万历十年（1582 年）便已坍没。

立标指浅，灯标的设立，为元代的海上粮运提供了安全的保障，也为尔后世界航海业的发展做出了重要的贡献。

六

元代大都粮运的海上路线共有六条。最早一条，大概要算是至元十七年（1280 年）议开的从淮安入海，经胶莱运河，穿莱州大洋至直沽一线了。此线，运粮船从浙西出发，越长江，经运河，至淮安路进淮河，然后东向取唐代开挖的涟水漕渠至涟子口（今江苏连云港西南）入海，沿岸而行，过海宁州、日照，穿灵山洋，进麻湾，再入新凿之胶莱运河，至海仓大海口入海，过莱州大洋，至界河口②，入潞河，经直沽至大都。此线虽说河海并用，但无大海的风涛之险，粮食装船，中途又不必倒卸，比之过去走中滦线倒换数

---

① 《明史》卷一五三《陈瑄传》。
② 即今海河口，因上与拒马河相通，宋辽时以其为界，称界河，元沿用，故海河口亦称之为界河口。

次车船要强上几倍，而且从距离上缩短了许多，运粮船的速度也加快了。这条线路因当时的历史条件，无法解决胶莱运河的充足的水源问题，到至元二十六年（1289 年）时，航道浅涩，不得不罢停使用。

第二条路线，应该是至元十八年（1281 年）开辟的从利津海口至直沽的航路。这条线路亦是河海并用，粮船从运河北上，经淮河，过新凿的济州河，入大清河至山东利津，转海道至直沽。由于利津海口沙壅，加上途中耗费并不比从中滦线走能节省多少，所以不久就放弃了此线。

以上两条线路，是元代海上粮运的最早尝试和先声，虽然两线都很快停止了使用，但它们确实曾为大都的粮食供应解决过一些问题，并为后来元代大规模的海上粮运，摸索积累了不少成功的经验和失败的教训。

元代的第三条海运路线，即刘家港至直沽一线。这是元代使用时间最长，也是元代海上粮运数条线路中的一条最主要的航线，它承担了全部海运粮数的近百分之七十。此线，初从平江刘家港出发，顺长江撑脚沙、甘草沙（均在刘家港的西北面）、三沙洋子江（今崇明岛北长江水道）入海，过扬州路通州海门县黄连沙头（今已和大陆涨连），取料角①往西，经万里长滩（海门县东北海面，今已和大陆涨连）开洋，沿山屿而行，抵淮安路盐城县，历西海州海宁府东海县（今江苏连云港市）、密州（今山东诸城县）胶州

---

① 陶宗仪：《南村辍耕录》卷五《朱张》原注云："相传胸山海门水中流积淮淤江沙，其长无际，浮海者以竿浅深，此浅生角，故曰料角，明不度越云。"

界，放灵山洋（今青岛以南、胶南县以东、灵山岛周围海面）投东北、抵成山，从成山西行过刘家岛（亦称刘岛，即今山东威海东之刘公岛）、芝罘岛（今烟台芝罘）、登州沙门岛（今长山列岛之大黑山岛），放莱州大洋，直取界河口，抵直沽。"自上海至杨村马头，凡一万三千三百五十里。"①

至元二十七年（1290年），朱清请长兴李福四②押运，言其路险恶，复开生道。自刘家港开洋，至撑脚沙转沙嘴（崇明西），至三沙洋子江，过匾担沙（长江口崇明东北）大洪，又过万里长滩，放大洋至青水洋。又经黑水洋③望延真岛（即今山东石岛），转成山西行，过刘岛，至芝罘，沙门二岛，放莱州大洋抵界河口。其道因以万里长滩至成山基本取直，因此超近了不少，"前后俱系便风，经直水程约半月可达，如风水不便，迂回盘折，或至一月、四十日之上，方能到彼，倘值非常风阻，难度程限。"④

至元三十年，千户殷明略又开新道，粮船从刘家港入海，至崇明州三沙放洋，径直往东，入黑水大洋，再往北取成山转西至刘岛，登州沙门岛，放莱州大洋入界河。此道从长江入海即取直往成山，当舟行风顺时，"自浙西至京师，

---

① 危素：《元海运志》。
② 明《广舆图》。《登州府志》李福四作李福回。
③ 元代黑水洋所指海区其说不一。清代有梁某著《黑水洋考》一卷，名佚（见《小方壶斋舆地丛钞》），指以成山角至长江口北一段。又引"航海者云：海之中泓极深深处，为黑水洋"。
④ 《大元海运记》卷下《漕运水程》。

不过旬日而已，视前二道为最便云"①。

第四条路线，是从浙江的庆元（今宁波）出发，自定海烈港（今沥港）开洋到直沽。由于以往浙东各地征集的海运粮都是先集中刘家港聚齐，然后一起开洋往直沽，航道多有沙险去处。皇庆元年（1312 年）庆绍千户所提出，"庆元地居东南，既于本处装讫粮米，再入刘家港取齐，多有沙险去处，若就定海港口放洋，经赴直沽交卸，实为便益"②，得到了省府的同意。另据《昭毅大将军平江路总管府达鲁花赤兼管内劝农事黄头公墓碑》亦载："粮之登舟，自温、台，上至福建凡三十余处，皆取客舟载之至浙西，复还浙东入海，公请移粟庆元，海舟受之，自烈港入海，无反复之苦。"③ 此道从庆元出发，至烈港开洋，沿嘉兴路海盐州北上，经松江府金山（今上海金山县）东海滩，过太仓宝塔（今上海宝山县），入刘家港至直沽线，越黑水大洋，至延真岛后，经成山转西行至界河口。此线主要是运载温州、台州浙东及闽北地区上缴的海粮。

元代往大都海运的第五条路线开辟，是在元顺帝末年，由于各地都爆发了农民起义，山东、河南之路不通，河漕之运也已停止，国用不继。至正十九年（1359 年）议遣户部尚书贡师泰往福建，以闽盐易粮，由海道转运给京师，得数十万石，朝廷赖焉。其后陈友定亦自闽中海运进奉给京师。按《登州府志·海运》及《海道经》载，此线海运粮船是

① 《元史》卷九十三《食货志》一"海运"。
② 《大元海运记》卷下《艘数装泊》。
③ 虞集：《道园学古录》卷四十一。

从福建长乐港出发，至五虎门开洋，望东北行使，过此高山（今北茭镇）巡检司、福宁县（今福建霞浦）、蒲门（今浙江省沙港埕西北）千户所、金乡、温州平阳县巡检司海口、盘石卫（今浙江乐清县），至松门卫（今浙江温岭东之松门）东港抛泊，再偏西至台州海门东洋山，往北经大佛头（今浙江象山南鹤浦之牛头山）、健跳（今三门湾西之健跳），至石浦，穿乱石礁洋（今象山东磨盘洋），经前仓（今象山北）千户所、过大嵩（今大松），进定海港抛泊，往娘娘庙前祭奠，然后开洋望北，至烈港、海宁卫东三姑山、金山东海滩、松江府上海县，一路上基本是沿岸而行。船过太仓宝塔，仍循朱张之道，"望东北行使两日两夜见黑水洋，东风使船一日见绿水，瞭见海内悬山一座，便是延真岛"①，再转成山西行至界河。又据郑若曾《海运图说》："元时海运故道，南自福建梅花所（今福建长乐梅花）起，北自太仓刘家河起，迄于直沽。"② 可见，福建长乐至直沽的海道，从整个元朝时期来看，也是一条重要的粮食与物资的运输线。

元代大都海上粮运的第六条路线，是张士诚开辟的从江浙行省的澉浦至京师的线路。此线与第四条庆元至直沽线基本相近，与上述第五条路线开辟几乎同时。至正十九年（1359 年）朝廷遣兵部尚书伯颜帖木儿，户部尚书齐覆亨征海运于江浙，诏命士诚输粟，国珍具舟。"平江之

① 《古今图书集成·经济汇编·食货典》第一百五十九卷。
② 《郑开阳杂著》卷九。

粟展转以达杭之石墩，又一舍而后抵澉浦，乃载于舟，海滩浅涩，躬履艰苦，粟之载于舟者，为石有一万。二十年五月赴京，是年秋，又遣户部尚书王宗礼等至江浙"①。粮船自澉浦出发，开洋往北行，过太仓宝塔，入黑水大洋，望延真岛后，转西行至界河口。由于此时其他各线都已停滞，因此澉浦一线就成了元朝末年海上运粮至大都的一条最重要的路线。至正二十三年（1363年）九月，张士诚称吴王，元征海粮不应，至此，最后一条粮道也终于断绝了。

"朱张海饷，自三山大洋径至燕京，且言自古所未尝行，此道昉自今始。然杜少陵出塞诗云：'渔阳豪侠地，击鼓吹笙竽，云帆转辽海，粳稻来东吴，越罗与楚练，照耀舆台躯。'又昔游诗云：'幽燕夙用武，供给亦劳哉，吴门持粟帛，汛海凌蓬莱。'然则自昔燕地皆海运，非始于今矣。"② 但是，海上粮运，虽然自古就已有之，用之以足国，则始于元焉。"河漕视陆运之费，省什三四，海运视陆运之费，省什七八。"③ 它对整个元代的社会经济具有举足轻重的影响，一旦粮道阻隔，京师即告"阙食"，故终元之世，海运不废。"况海运无剥浅之费，无核次之守，而国家亦有水战之备"④，这对维护海防，保障沿海人民免受外来侵扰都起到了相当积极的作用。另外，频繁的海上粮运活动，还

① 《元史》卷九十七《食货志》五"海运"。
② 危素：《元海运志》附录《浩然斋视听抄》。
③ 邱浚：《大学衍义补》。
④ 邱浚：《大学衍义补》。

大大促进了南北物资的交流，许多船户在运粮的同时，把南方的货物夹带运到北方，转手于当地商人，回返时，再利用空船把北方的物资捎运回南方，"一日粮船到直沽，吴罂越布满街衢"①。许多商人因运河狭窄拥挤、费时费资而直接改海道，黄镇成《秋声集》载："今年却趁直沽船，黑洋大海波连天，顺风半月到闽海。只与七州通买卖。"② 可见当时海运之便。当然海运亦是有弊端的，航路艰险，船户的生命无保障，加上官吏盘剥，更造船只，使得广大船户困苦不堪，有的为了承运，其至到了典妻卖女的地步③，这在封建统治的社会里是不足为怪的，我们不能就此而来否定元代海运在其历史发展中的应有地位。

明朝建立后，承袭元制，继续实行海运。洪武中，航海侯张赫、舳舻侯朱寿④俱以海运功封，岁运七十万石，以供辽东军饷。永乐初，北京军储不足，命平江伯陈瑄充总兵，帅舟师海运，岁输米百万石，并建百万仓于直沽尹儿湾。与此同时，规模浩大的郑和下西洋活动开始了，这一明初"盛事"，不能不认为是在总结了元代海运经验的基础上，才得以顺利进行的。至清，河道受阻，重运中停，只得罢河漕而雇海船以分运，每岁约达一百五六十万石，航线仍循元道。可见海运之利，在元以后已为世人所习知，虽仍不断有

① 张翥：《蜕菴诗集》卷四《读瀛海喜其绝句清运因口数诗示九成皆实意也十首》。
② 《元诗选》集庚集。
③ 《大元海运记》卷上。
④ 张赫、朱寿为元海万户张瑄、朱清之孙。见《山东通志》卷百二十六《河防志第九·运河考·海运附》。

人反对，但客观条件的需要，明清两朝政府还是利用了海运来作为北方粮食供应的重要渠道。

原载《亚洲文明》论丛，四川人民出版社 1986 年版。

《元代海上粮运考》辨误

　　笔者的《元代海上粮运考》是 1983 年 4 月参加元史研究会第二届年会时提供的参会论文，1986 年经修改充实后发表在由黄盛璋主编、四川人民出版社出版的《亚洲文明》丛刊创刊号上，论文的题目被改成了《元代海上粮运初步研究》。

　　文章发表后不久，笔者就发现文中有一处论述有误。几十年来，苦于没有一个机会来向读者讲明，这个问题一直如鲠在喉，借这次文章结集出版，作一次自我批判，讲清问题，纠正错误，了结历史陈年旧账，并向受到误导的读者表示诚挚的歉意。

　　当年，在文章写作时，为了更好地研究有元一代海上的粮食运输，便于广大读者去深刻理解元代海运的艰辛，以及对元朝、对元大都的重要性，笔者把《元史》中有关每年的海运粮数全部择录出来，比勘《大元海运记》《元海运志》等史料，排列出一张从至元二十年（1283 年）开始直至至正二十三年（1363 年），共计八十年的《元代海运粮数一览表》。

表中详细列出了每年的"运出粮数（石）""运到粮数（石）""损失数（石）"和"每石欠（升）"，使读者能简明、直观地了解元代历年海上粮食运输的情况，特别是那令人吃惊的大量损失，每年少则几千石，多则达几十万石，最多一年损失竟达二十四万五千六百三十五石之多。究其原因，主要是它不同于现代海运，其粮船的动力完全依赖自然的风力，一旦风汛失时，就得泊岸等待，加上海道艰险，浅沙暗礁颇多，稍有不慎，就有葬身鱼腹之祸，并且，虽说出发时，粮船都得聚齐才能开洋，但船队在海上航行，相互间都得保持一定的距离，一遇风浪，就被吹得四散飘零，无法互相照顾，有的幸运到达，有的倾覆海底，有的则散失。因此，粮船到达目的地，船队绝少有齐全的。一览表的数据是准确的，也是我这篇文章的精华部分，后来有学者在自己的著作中直接引用了这一成果①。

文章在第四部分指出，关于每岁海运的实到粮数，均不足实际运出数。据表中每石欠数一栏载，从至元二十年（1283 年）开始直至天历二年（1329 年）止，四十五年间，岁运之粮每石分量没有一次是足数的，少得最多的一次是在至元二十三年（1286 年），每石粮平均差欠竟达二斗四升九合，占每石数的百分之二十四点九。按此年数，运出粮是五十七万八千五百二十石，运到数只有四十三万三千九百五十石，途中损失数就达十四万四千五百七十石。文中接着有这

---

① 李幹：《元代社会经济史稿》，湖北人民出版社 1985 年 12 月版。

么一句话"再加上每石平均欠二斗四升九合,又少了十万八千零五十三石五斗五升粮,实际当年运到数只有三十二万五千八百九十六石零四斗五升"。这个评述是史实性错误,是多余的话,是画蛇添足。因为每石的欠数"二斗四升九合"是依据运出数和运到数而得出的每石损失数,这里不应每石再减"二斗四升九合",在总计运到数中又要再扣"十万八千零五十三石五斗五升粮"。因为已经扣过了,再扣就是重复计算。在至元二十三年(1286年)当年的真实运到粮数就是表中所列的"四十三万三千九百五十石"。

上述文字的后面还有一句:"即使我们按运数最足的延祐四年(1317年)每石粮食平均只差欠三勺来算,当年运出数二百三十七万五千三百四十五石,运到数二百三十六万八千一百一十九石,途中损失七千二百二十六石,除去每石平均差数,实际当年运到数是二百三十六万七千四百零八石五斗六升四合三勺,也少了七百一十石四斗三升五合七勺粮。"其中"除去每石平均差数,实际当年运到数是二百三十六万七千四百零八石五斗六升四合三勺,也少了七百一十石四斗三升五合七勺粮"一句也是错误的,犯了与上句类似的错误。

历史研究应严谨细致,出现错误在所难免,但发现错了就应及时予以纠正,不能因自己的一时疏忽而导致史实的不真,从而误导读者。在此,再一次向广大的读者表示歉意。

元代海上粮运活动,意义非凡。不仅解决了朝廷及北方的粮食供应,稳固了其政权,而且也为其后明、清两朝及近现代的海上航运事业提供了许多宝贵的经验。遗憾的是，这一领域研究的学者现在还太少。

二〇二一年八月十五日

《元史·河渠志·济州河》辨析

  《元史》是一部比较系统地记载我国历史上元代兴亡过程的封建史书。明太祖朱元璋在元灭亡的当年（1368 年）即下令编写《元史》，前后两次开局，总共只用了三百三十一天就完成了全部二百一十卷的编撰工作。成书之快，在中国史书编纂史上是罕见的。由于《元史》仓促成书，又出于众人之手，因此在编纂方面存在不少的谬误。现仅将卷六十五《河渠志·济州河》一节拣出，谈点自己的粗浅看法。因该节文字不多，为便于参阅，特录于下：

  《河渠志·济州河》：

    济州河者，新开以通漕运也。

    世祖至元十七年七月，耿参政、阿里尚书奏："为姚演言开河事，令阿合马与耆旧臣集议，以钞万锭为佣直，仍给粮食。"世祖从之。十八年九月，中书丞相火鲁火孙等奏："姚总管等言，请免益都、淄莱、宁海三州一岁赋，入折佣直，以为开河之用。平章阿合马与诸老臣议，以为一岁民赋虽多，较之官给佣直，行之甚便。"遂从之。十月。火鲁火孙等奏："阿八失所开河，经济州，而其地又有一河，傍有民田，开之甚便。臣等议，若开此河，阿八失所管一方屯田，宜移之他处，不阻水势。"世祖令移之。十二月，差奥鲁赤、刘都水及精算数者一人，给宣差印，往济州，定开河夫役。令大名、卫州新附军亦往助工。

三十一年，御史台言："胶、莱海道浅涩，不能行舟。"台官玉速帖木儿奏："阿八失所开河，省遣牙亦速失来，谓漕船泛河则失少，泛海则损多。"既而漕臣囊加觯、万户孙伟又言："漕海舟疾且便。"右丞麦术丁又奏："斡奴兀奴觯凡三移文，言阿八失所开河，益少损多，不便转漕。水手军人二万，舟千艘，见闲不用，如得之，可岁漕百万石。昨奉旨，候忙古觯来便共议，海道便，则阿八失河可废。今忙古觯已自海道运粮回，有一二南人，自愿运粮万石，已许之。"囊加觯、孙万户复请用军验试海运。省院官暨众议："阿八失河所用水手五千、军五千、船千艘，畀扬州省教习漕运。今拟以此水手军人，就用平滦船，从利津海漕运。"世祖从之。阿八失所开河遂废。

此段记载，有的人往往不加考虑分析就轻易征引，致使论据混乱，自相矛盾。其实，只要稍加留意推敲，我们就不难发现其内容问题很多，许多地方甚至前后不能自圆其说，所以有必要予以辨析澄清。

（一）《河渠志》说，济州河是"为姚演言"所凿。这是不对的。确实，姚演是提出过开河的建议，但是姚演所言开的河是胶莱河，而不是济州河。姚演是山东莱州人，因其对家乡地理熟悉，提出了开凿胶莱运河的建议，从而得到了朝廷的赏识，并被委任为凿河的总管。《世祖本纪八》曰：十七年秋七月戊午"用姚演言，开胶东河及收集逃民屯田涟、海"。① 胶东河即胶莱运河。《明史·河渠志》亦载："莱人姚演议开新河，凿池三百余里，起胶西县陈村海口，西北达胶河，出海仓口，谓之胶莱新河。"《莱州府志》亦有，"十七年从莱人姚演言，命演自胶西陈村等处开胶河海运"。可见，此问题甚为明了。另外，除了《新元史·河渠志》外，再也找不出可以证明姚演建议开凿的是济州河的根据来。因此，我认为济州河不可能是应姚演建议开凿的。

（二）《河渠志》把火鲁火孙等奏"姚总管等言，请免益都、淄莱、宁海三州一岁赋，入折佣直，以为开河之用"，看成是姚演为开济州河而请免的三州岁赋，这也是错误的。益都、淄莱②、宁海是山东东部的三个州，皆临近胶莱运河，而济州河在山东西南，两河相距甚远。如果姚演是负责济州河的开凿，为什么不向上请免位于济州河地区的济宁路、东平路或附近的曹、濮二州的岁赋，而却要去舍近求远地以胶东三州之赋为开鲁西南的济州河所用呢？再说，胶

---

① 《元史》卷十一。
② 元中统五年置淄州路，至元二年改淄莱路（州），至元二十四年改般阳路。辖淄川、长山、新城、蒲台四县，莱州、登州的八县：掖县、胶水、招远、莱阳、蓬莱、黄县、福山、栖霞。

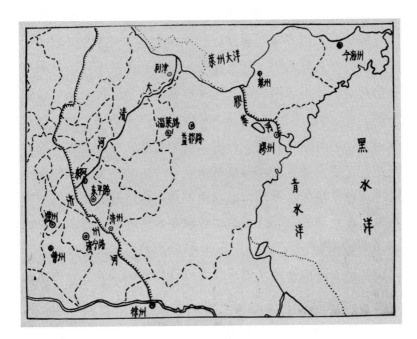

胶莱、济州两运河地理位置图

莱河虽说比济州河早动工一年、早完成一年，但两河工程毕竟几乎是同时，如果说益都、淄莱、宁海三州的岁赋，元政府批给了济州河开凿之用，那么地处这三府区域内的胶莱河开凿之费用又从何地而来呢？元政府不可能再把济宁、东平两路的岁赋转供给开凿胶莱河之用吧。所以，我们只有把火鲁火孙的话，理解为姚演是为开凿胶莱河而请免益都、淄莱、宁海三州岁赋，才是可以说得通的，也是较为合乎情理的。

（三）姚演与阿八赤①两人一直是在一起共同负责开河

---

① 《元史》《世祖本纪》《来阿八赤传》《食货志》等均为阿八赤，仅《河渠志》为阿八失。

事宜，他们所开凿的是胶莱运河，而不是济州河，后来他们便因挪用开河公款而一同遭议罪。《元史·来阿八赤传》曰：发兵万人开运河，阿八赤往来督视，寒暑不辍。有两卒自伤其手以示不可用，阿八赤檄枢密并行省奏闻，斩之以惩不律。《元海运志》亦曰"令阿八赤等广开新河。然新河候潮以入，船名损坏，民亦苦之，而忙兀觯言海运之舟，悉皆至焉，于是罢新开河，颇事海运。……未几，又分新河军士水手及船于扬州、平滦两处运粮，命三省造船二千艘，于济州河运粮"。危素虽未明说阿八赤所开之河是属哪一条，但根据"新河候潮以入"一语来看，却只能是胶莱运河。济州河远离大海，根本无从谈起"候潮"的问题。而"罢新开河"，"分新河军士水手及船于扬州、平滦两处运粮，命三省造船二千艘，于济州河运粮"，这就无疑地说明新河就是胶莱河。至元二十年（1283年）五月，"用王积翁言，诏江南运粮，于阿八赤新开神山河及海道运之。"七月，"阿八赤、姚演以开神山桥渠侵用官钞二千四百锭，折阅粮米七十三万石，诏征偿，仍议罪"。[①] 神山在今山东掖县境，神山河或神山桥渠即胶莱运河。《新元史·来阿八赤传》亦载："十八年，发兵万人开运河，有两卒自伤其手，以示不可用，阿八赤奏闻斩之。二十年，以与姚演侵用官钞二千四百锭，折阅粮米七十三万石，诏征偿，仍议罪"，此处官钞当然是指开河经费。

（四）济州河不是阿八赤所开，而是奥鲁赤开。据胡敬依《元经世大典》本辑的《大元海运记》曰：至元"二十年六月，王积翁议开挑河道，漕运江南粮。右丞麦术丁等奏，王积翁言亡宋都南京时，每年运粮六百万石。如今江南粮多，若运至京师，米价自贱，以其说奏，有旨命臣等议，盖运粮之事，惟广输运之途，今止是中滦一处漕运，尽力一年惟可运三十万石。近者阿八赤新开一河，又前奏准令奥鲁赤经由济州开挑一河，又黄河迤上有沁河可以开挑一河，遣人相视，具见画图"。"二十二年二月，以济州运粮船数阙，命三省续造三千艘，参政不鲁迷失海牙等奏：自江南每岁运粮一百万石，从海道来者十万石，阿八赤、乐实二人新挑河道运者六十万石，济州奥鲁赤所挑河道运者三十万石。"①此记载可谓明确。《河渠志》前文中既说济州河为阿八赤所开，而后文中又说"阿八失所开河，益少损多，不便转漕"，要把阿八赤所用水手、军人、船艘，"从利津海漕运"。这就不能不使人产生这样一个疑问，济州河的开凿本来就是经东阿入大清河从利津海漕运，怎么能再从利津海漕运呢？这分明是指出了阿八赤原先开凿的不是济州河，而是另一条河，因那条河"益少损多"，受到指责，人员、船艘才被调至济州河来，从利津海漕运。根据文中"胶、莱海道浅涩，不能行舟"来看，这另一条河应当就是胶莱运河。

（五）如果说《河渠志》的记载是正确的，阿八赤所开河是济州河，那么河成以后，元廷理应委任他为济州河漕运使官，但事实却恰恰相反，阿八赤被委任为胶莱海道漕运

① 胡敬：《大元海运记》卷上。

使。"运河既开，迁胶莱海道漕运使。"① 这从常理上讲是不通的。因为阿八赤如是开济州河，那么他对济州河的情况肯定是很熟悉了解的。熟悉情况的地区的官不让做，不熟悉情况的地区的事却让其去负责，恐怕元政府的用人之策还不至于低劣到如此程度。这正最明确不过地说明，是《河渠志》的记载有误，而阿八赤所开河就是胶莱河。至于《河渠志》中："火鲁火孙等奏：'阿八失所开河，经济州，而其地又有一河，傍有民田，开之甚便。臣等议，若开此河，阿八失所管一方屯田，宜移之他处，不阻水势。'世祖令移之。十二月，差奥鲁赤、刘都水及精算数者一人，给宣差印，往济州，定开河夫役。令大名、卫州新附军亦往助工。"内容又是说济州河开凿事，我认为，这恰恰是《元史》仓促成书所带来的严重后果之一，作者在此混淆了济州河与胶莱河两河的史料，从而造成了后人的疑惑与不解。

元朝初年，为了解决元大都的粮食供应紧张局面，仅靠从淮河至中滦，再转陆运至淇门、入御河北上的漕运，费时费资，已经不能适应形势的需要。元政府急需找到一条便捷省资的粮食运输通道，济州运河与胶莱运河就是在这种情况下进行开凿的。济州河位于山东西南泗水至汶水段，漕船可以由南经淮河，直接入济州河，再转大清河至利津海口从海道至直沽；胶莱河是在山东东部的胶州湾至莱州湾段，沟通流往渤海的胶水和流往黄海的沽河，使得运粮漕船可以从淮河入海，至麻湾（即今胶州湾），经胶莱运河至掖县的海仓

① 《元史》卷一二九《来阿八赤传》。

口，再从海道至直沽。济州河与胶莱河，两河从地理位置上来讲相距六七百里，一个在西、一个在东，《河渠志》为什么会把这两条运河的史料给弄混，并掺杂一处，尚无根据解释清楚，有待于历史、地理学家们今后的深入研究。

近人柯劭忞作《新元史》时，似乎对此问题有所悟觉，并企图将两河的史实分述清楚。但遗憾的是他没能进行深入细致的研究和勘校，仍依然照搬旧《元史·河渠志》的内容，而且还凭想当然把两河的开凿都说成是姚演的建议，更为荒谬的是说济州河"阿八赤董其役"，"忙古鼹自海道运粮至，济州河遂废"。① 济州河成是在至元二十年（1283年）八月②，忙古鼹运粮至亦是在二十年的十一月③，怎么能河刚成，不经过一段时间的使用检验，即要废掉呢？实际上，"遂废"应该是指胶莱河。《元史》的《世祖本纪》《食货志》及其他有关史料如《大元海运记》《元海运志》等均有明确记载，就连柯劭忞本人在《新元史》的《世祖本纪》《食货志》《来阿八赤传》中也是如此，但他却未能做到前后一致。另外，元济州河自开凿以来从未废过，所废只是从大清河至利津海口往直沽一段，因海口沙壅，改从东阿旱站运至临清入御河④。至元二十六年（1289年）又凿通会通河，使粮船可以直接北上入御河，抵直沽⑤。至此横贯南北的大运河才首次全线接通。

---

① 见《新元史》卷五十三《河渠志·济州河》。
② 《元史》卷十二《世祖本纪九》丁未"济州新开河成，立都漕运司"。
③ 胡敬：《大元海运记》卷上。
④ 危素：《元海运志》。
⑤ 《元史》卷六十四《河集志·会通河》。

那么阿八赤是否可能同时负责胶莱河与济州河的开凿呢？这也是不可能的。因为胶莱河与济州河两河的开凿几乎是同时进行，而且元朝政府也不可能把相距六七百里的两个大型工程同时委付一人负责。另外，胶莱河是在至元十七年（1280年）批准开始动工，"阿八赤往来督视，寒暑不辍"①，至元十九年（1282年）河已成，八月辛卯即任阿八赤为胶莱海道漕运使"督运粮"②，使新河挑起南北粮运的重担。此时济州河尚未成，如两河均为阿八赤负责，那么元政府就不可能一边让其负责济州河的开凿，一边又要他去督运远在胶东的胶莱海道。

总之，我认为《元史·河渠志·济州河》的记载是不可靠的，除了《新元史·河渠志·济州河》外，均再无其他史籍有明确记载济州河是由姚演建议开凿、阿八赤董其役的；此节名曰《济州河》，却将济州河与胶莱河的史料混在一体，并且，内容所述的实际上大部分是胶莱河。这就是导致后人常常发生误证误引的根本原因。

原载《南开大学学报》，1985年第3期。

---

① 《元史》卷一二九《来阿八赤传》。
② 《元史》卷十二《世祖本纪》九。

"忽世歹"考

　　1995 年，为贯彻落实党中央、国务院提出的《国家八七扶贫攻坚计划》，本人受国家新闻出版署的派遣，率领一支扶贫工作队前往山西省夏县挂职扶贫。其间，出版《夏县志》是我们扶贫的一个重点项目。在审读该稿时，我发现县志稿卷二十三"文物胜览"第一章"历史文物"的"古墓葬"条文中，有一篇《忽世歹坟》，文字表述该墓葬属元代，墓主为"忽必烈家族"。现将该段文字录其下：

　　忽世歹坟　　位于县城西南向 12 公里处杨村东北。坟地原大 10 余亩。因墓两侧竖有许多石兽和石人，故村民又称"石人坟"。现存元至元年间神道碑一幢，石羊两只，石人两尊。碑文载：忽世歹原为忽必烈家族，后由帝赐姓为何，卜居夏县，后在镇压山东王璇起义中被杀，时 23 岁，朝官奉命将其归葬夏县。今仍有何姓家族，为忽世歹守坟的后代。为县级文物保护单位。

由于县志稿提到墓主是"忽必烈家族",因此弄清墓主的真实身份、他与元世祖忽必烈是什么关系,以及墓主后人的情况,对我们今天进一步深入研究忽必烈,我想肯定是会有帮助的。况且,目前已发现的元代蒙古人的墓碑刻并不多见。为此,在1996年4月,利用工作之余,我专门驱车前往位于略偏于县城西南的庙前镇杨村,对"忽世歹"墓地进行了一次考察,尤其是想仔细看一看那幢神道碑。

据在实地察看,该墓地已被开垦为一片麦地,在30米开外,已很难辨别那里原是块气势很恢宏的古墓地,地表坟头已没有,仅剩有直径约2米、高约60公分的堆土一个。堆土中有原神道碑的石龟基座一尊,还有石人一尊(约高1.5米)、石羊两只(约高50公分)倒卧其上,另有一尊石人俯卧在离堆土以东10米远的地里。在堆土以北约5米处,有一盗墓贼挖掘的深穴,可证此墓已被盗。原存的一幢神道碑被砸成三截,一截被反扣堆土西部,一截被扔在北部深穴中,只有神道碑的一截碑头还仰卧在堆土的北部,碑面可以看见一些字迹,经仔细辨认,碑额为篆文:

忽失歹公神道碑铭

碑正文楷书(原为竖排):

大元赠朝□(列)大夫龙兴路□(富)州达鲁花赤

公名忽失歹蒙古雪尼台人氏

阔里台大王位下职统军百夫长□
太祖皇帝龙飞朔漠将大震拎金瓲分调
上大悦遂赐姓何氏焉盖忽何同音故也
以军庸官至千夫长公生而秀
捕之公以壮勇躬□□石与士
吾当躬斩之以元□□□是众莫
见察人氏生男一人名高间女
学俊造选巫□□□□□司蒙古
贵赠龙兴路富州达鲁花赤追封
灭遂无闻敬勒□□铭之其报本
□未尽者惟死者其所□与烈□□
后□体之以增其光是□铭其铭曰

惟公之系	寔曰蒙古	□扈□
太祖龙飞	耀武扬威	□□□
率振山东	贼坛跋扈	梗化□
子曰高间	大振于宋	刻志□
寔为前哲	茂共追封	惟陇
刻石镌铭	条此撰句	

至元

　　后文因碑断无法知晓。现存的此段上截碑文文字，每句只有一半，而且因长年的风雨馈蚀及人为的毁损，多处已支离破碎，读不成章了。此行虽未达到目的，但好在却证实了这样几个问题：

　　一、碑文尾有"至元"二字，当可判断此墓的时间为

作者与当地县志办的同志一同考察忽失歹墓碑

元代无疑。墓主应为元代的蒙古雪尼台人。但"雪尼台"部族，与忽必烈家族并无牵连。

二、墓主应名为"忽失歹"，而不是"忽世歹"。其父早年因跟随太祖成吉思汗攻金有功，"上大悦"，而被"赐姓何氏焉"，因"忽何同音"，故取之"何"。

三、墓主曾"官至千夫长"；率军山东，在平叛李璮中战死，后被追封为龙兴路富州达鲁花赤。

四、"见察"当是"钦察"；"见察人氏"应为墓主之妻。

五、墓碑高大，虽已断为三截，但如完整竖立起来，应有 3 米高左右。加上墓前的石人、石兽，由此可以判定，此墓主不是一般官吏，应是具有一定地位的人物。

为了把此人物搞清楚，我通过县档案馆的帮助，查阅了县里保存的清乾隆二十八年（1763 年）编修的《解州全志》影印副本，在卷之八"夏县·人物"中有"忽失歹"一条，全文如下：

忽失歹 蒙古雪泥台人世居龙池河父朵忽郎佐元太祖平金有功赐姓何氏卜居夏生二子公其长也公雄伟勇略善骑射弱冠袭先职为河南都帅府百夫长值李瓃乱山东遣公统兵捕之躬冒矢石与士卒同劳苦对敌率踊跃当前锋每戒师曰大丈夫受命讨贼捐躯报国正在今日有不如律者吾当躬斩之以徇於是众莫敢怠摧坚陷锐斩首甚多一日斗方酣马失足为寇所擒寇睹公奇伟欲授以官公詈之曰吾惟有死以谢国安肯附贼以取荣名哉遂遇害时年三十二后以子高间贵追封陇西郡伯

在卷之十一"夏县·古迹"中，还有一条"封陇西郡伯忽失歹墓"，全文如下：

封陇西郡伯忽失歹墓 在县南阳村北公官龙兴路富州达鲁花赤骑都尉赠朝列大夫封伯

再查清光绪六年（1880 年）所修《夏县志》，记载内容完全是照录《解州全志》，只是把原分属几条的内容合并成一条罢了。

《解州全志》虽为清人所修，但纂修时"忽失歹公神道碑"是完整的，碑文也应是比较清楚的，撰稿人自当要认真核查。即便真有所误，百年之后光绪六年的《夏县志》也应纠正过来，可我们看到的两志文字却是一致的，与现存的"忽失歹公神道碑铭"的文字也无矛盾之处。故我认为《解州全志》所记当是准确可靠的。

从上述文字记载来看，新编县志稿所述："碑文载：忽世歹原为忽必烈家族"，根据似不太足，因为现有的碑文中并未见到这样的记载。

另碑文中的"雪尼台"和《解州全志》中的"雪泥台"，应即《元朝秘史》中的"雪你惕"。拉施都丁《史集·部族志》中有"雪尼惕"（Sūnit）条，蒙元史专家韩儒林先生在《蒙古氏族札记二则》中指出："Sūnit 即《元朝秘史》之雪你惕，其名今尚为锡林郭勒盟之苏尼特旗所使用。《元史》中名速你带、薛名带者亦甚多，皆 sunitai 之对音。""阿拉伯字母 u 与 ü 不分，据《蒙古源流》，知 Sūnit 当读为 Sünit，与《秘史》雪你惕较，正合。蒙文 Süni，意固为夜，如径以该部之祖夜生，故名雪你惕，似无根据。蒙古人名有不少沿用突厥之旧者，部族名称似亦有此现象，雪你惕、雪干（Sügen）等部之名，或系来自突厥之苏尼、高车之薛干等部名也。"① 可见"雪尼台"和忽必烈家族并无瓜葛。

当然最为遗憾的是我见不到"忽失歹公神道碑铭"的全文，相信其碑铭的全文是能够解决这一问题的，况且新编

① 南京大学元史研究室编：《韩儒林文集》，江苏古籍出版社 1985 年出版。

县志的编撰者就是根据该碑铭起草的。我想找到该文编撰者核实一下，或许还有可能见到该碑铭的拓片。但是一打听，不承想该编撰者早在几年前就已仙逝了，神道碑铭文的拓片自然也就无从寻觅了。

1996 年 4 月对忽失歹墓的考察，由于事前不了解情况，准备不足，手头又没有工具，时间也紧，只能匆匆一阅。扶贫工作结束后，回到北京每每回想起来就深感遗憾。1997 年 10 月因商量县志稿中的问题我又前往夏县，并特地再次专程去考察忽失歹的墓碑。这次我在当地县志办及庙前镇党委的协助下将反扣在堆土西部的那一截碑身

作者与当地县志办的同志在辨认忽失歹墓碑上的文字

108

翻了过来，经辨认为碑的中段部分，而北部深穴已无踪影，被当地百姓用土填实，成了麦地，下段墓碑再也无法见到。但我们毕竟看见了碑文的大部分。现将所见两截碑的文字抄录如下：

上截碑正文楷书（原为竖排）：

大元赠朝□（列）大夫龙兴路□（富）州达鲁花赤

公名忽失歹蒙古雪尼台人氏

阔里台大王位下职统军百夫长□

太祖皇帝龙飞朔漠将大震于金乃分调

上大悦遂赐姓何氏焉盖忽何同音故也

以军庸官至千夫长公生而秀

捕之公以壮勇躬□□石与士

吾当躬斩之以元□□是众莫

见察人氏生男一人名高问女

学俊造选巫□□□□□司蒙古

贵赠龙兴路富州达鲁花赤追封

灭遂无闻敬勒□□铭之其报本

□未尽者惟死者其所□与烈□□

后□体之以增其光是□铭其铭曰

惟公之系　　寔曰蒙古　　□扈□

太祖龙飞　　耀武扬威　　□□□

率振山东　　贼瑄跋扈　　梗化□

子曰高问　　大振于宋　　刻志□

寔为前哲　　茂共追封　　惟陇

刻石镌铭　　条此撰句

至元

中截碑正文楷书（原为竖排）：

都尉追封陇西郡伯忽失歹公神道碑并铭

中顺大夫同知河东陕西等处都转运盐使司事王
克敬撰

大　大夫河东陕西等处都转运盐使知渠堰事路
希贤书丹

中奉大夫河东陕西等处都转运盐使知渠堰事卜
颜铁睦而篆额

朵忽朗（郎）世居龙池河隶

兵躬摠为凡出入警踔亦莫不在尝□□矣利粮饷弗继
计不知公於

命人□□察尔统属听节制金平乃卜夏□□家为妻撒
儿赤生男二□长

勇略雄伟善骑射时年　弱冠袭先职河南□□□百夫
长越明年值李璮

平同劳苦凡临敌对悉寇踊跃以当前锋尝一师曰大丈夫
受命讨贼捐驱报国

取有念志每遇战益勇折首百余级一旦斗方酣骑□为寇
所擒寇异公奇伟

肯附贼以取荣名哉寇以公弗　已遂杀之从者以马革裹

尸还葬焉时公年

人名春哥适名族公既蚤世高间公始孩生而俊慧有大器不事生产作业儒

掾考满凡立迁县盐其承流宣化政绩炳焕累升至朝列大夫同知吉安路事

陇西郡伯夫人绵绵追封陇西郡伯同知高间公令童年有步云飞而言□

远之意回关鸣呼公以右族袭父职位百夫长放壮岁奋勇击寇殁□锋

元大子高间公蚤孤勤苦励志克□先业荣登台鼎而追封□殁天之报

	躬□行伍	乃卜乃乎	夏台是基	于矣生公
国	中土底绥	叱咤生风	云胡不启	竟陨　躬
□	□ 犯寇	□迁□邑	一萃□同	告老优爵
□	古博令通	日月昭	有子如是	千祀弗灭
伯	威忠式孝			

岁在庚辰嘉平良日子同知高间

根据上述碑文中的"至元　岁在庚辰嘉平良日子同知高间",我们可以断定此碑当为元惠宗至元六年(1340年)由忽失歹其子高间所立。当时高间为官政绩甚佳,"累升至朝列大夫同知吉安路事",故能为其父讨封"龙兴路富州达鲁花赤骑都尉""陇西郡伯"之殊荣。"骑都尉""郡伯"

均为从四品，此勋爵专供封赠之用。墓主忽失歹当为蒙古雪尼台人氏，其父朵忽郎"世居龙池河隶"。

关于"龙池河"，在现史书中无从查找，由于该碑是其后人镌刻的，当时蒙语的汉文注音不可能十分准确，因此，根据墓主的身份，以及"龙池河"的谐音，我们只能推断可能是"龙居河"即"怯绿连河"一地，该河在汉文史料中还有多种注音，如："客鲁涟""客鲁洌讷""怯鲁连""怯鹿难""怯吕连河"，在《元史》中还有"庐拘河""卢拘河""龙居河"的提法，"太祖初建兴都于班朱泥河，今龙居河也"（《元史》卷一二二"雪不台传"）。

碑铭中有"阔里台大王位下职统军百夫长"语，"阔里台"即"帖里干"。据考帖里干为孛秃之子，亦乞列思部的驸马。1217—1227年蒙古攻金时，帖里干随木华黎部进攻中原，征战于山西、陕西一带。1223年木华黎战死于山西的闻喜。其父朵忽郎是帖里干军中的百夫长，后升至千夫长，当是在此时立功被赐何姓，并留居与闻喜相邻的夏县的。

至此，无论是从碑刻铭文，还是从清修县志上的文字记载来看，新编县志稿所述："碑文载：忽世歹原为忽必烈家族"，都似无根据，因为现有的碑文中尚未见到这样的记载。《解州全志》也仅证实其父"朵忽郎佐元太祖平金有功"。遍查《蒙古秘史》《圣武亲征录》《元史》等史料，均无"朵忽郎"及"忽世歹""忽失歹"的记载，同时期的人物只是在《蒙古秘史》卷三、卷七、卷九、卷十中有

"多豁勒忽撒儿必""多豁勒忽扯儿必"一人,"多豁勒"虽发音与"朵忽郎"接近,但并不是一人,《史集》第二编《万夫长、千夫长与成吉思汗的军队简述》有:"字斡儿出那颜的弟弟阿鲁剌惕部人朵豁勒忽扯儿必千户。""朵豁勒忽"是说话啰唆的意思,"扯儿必"是"忠心""诚挚"的意思,并说"合罕的异密巴牙儿—秃儿合忽惕是其后裔"。这样与忽失歹就离之甚远了。况且"佐元太祖平金有功"与"忽必烈家族"毕竟是两码事,"有功"不能说明就是一"家族"。我认为"碑文载:忽世歹原为忽必烈家族",只是新编县志稿的编者,简单化地依据两者名字相似这一特点,产生的一种牵强附会的解释。

新编县志稿说忽失歹是"在镇压山东王璇起义中被杀",亦误。当根据碑铭及《解州全志》为准,忽失歹是在中统三年(1262年)前往山东参与讨伐李璮之乱时被俘,因拒绝投降惨遭杀害。时年32岁,也不是23岁。

由于《夏县志》需急于出版,无法再容我做过多的考证,我只好综合上述材料,纠正了几处明显错误,并将"忽世歹坟"条目改为"忽失歹坟",条文表述改为:

忽失歹坟 位于县城西南向12公里处杨村东北。坟地原大10余亩。因墓两侧竖有许多石兽和石人,故村民又称"石人坟"。现存元至元年间神道碑一幢,石羊两只,石人两尊。碑文载:忽失歹原为蒙古雪尼台人氏,其父因平金有功,由帝赐姓为何,卜居夏县,后在平定山东李璮叛乱中被杀,时32岁,朝官奉命将其归葬夏县。今仍有何姓家族，为忽失歹守坟的后代。为县级文物保护单位。

作者与当地县志办的同志在考察现场合影

通过对"忽世歹"的考证，又向我们提出这样一个新问题，为什么在蒙古的开国初期，会对有功的蒙古人赐以汉姓？而且葬地有墓冢，有墓碑，有甬道，有石人石兽，与汉人墓葬几无二致？这是否能说明，在有元一朝，虽有蒙、色目、汉、南四等人的严格等级区别，但民族间的大融合早在蒙元之初已经悄然开始了？

关于其子，《解州全志》在卷之九"夏县·人物"中有"何高闾"一条记载：

何高间　忽失歹子生而俊慧有大器不事生产由国学充蒙古掾考满迁县监累升同知吉安路事有政绩致仕

1998 年 8 月初稿

2001 年 10 月定稿

原载《元史论丛》第九辑，中国广播电视出版社 2004 年 7 月出版，《新华文摘》2004 年第 23 期转载。

元朝皇陵何处觅

　　中国历代帝王陵墓数秦始皇为最侈，穷天下之力，倾天下之财，尽后宫之女而为之，高耸的陵冢数十里远即可看到，墓内还建筑各式宫殿，陈列各色奇珍异宝，汉、唐、宋、明、清诸帝陵也极为奢华，唯独元朝的皇陵至今仍是一个谜。虽然在今天的内蒙古自治区鄂尔多斯草原上的伊金霍洛有一个成吉思汗陵，但那仅是后人设的一个祭祀之地，真正掩埋遗体的陵寝究竟在何处？至今仍无法弄清。

　　蒙古旧俗，人死后，如果不是一个重要的人物，就被秘密地埋葬在他

成吉思汗像

们认为是合适的空地上。埋葬时，同时埋入他的一顶帐幕，使死者坐在帐幕中央，在他面前放一张桌子，桌上放一盘肉和一杯马乳。此外，还埋入一匹母马和它的小马，一匹备有马笼头和马鞍的马。另外，他们还杀一匹马，吃了它的肉以后，在马皮里面塞满了稻草，把它捆在两根或四根柱子上。因此，在另一个世界里，死者可以有一顶帐幕以供居住，有一匹母马供他以马乳，他还有可能繁殖他的马匹，并且有马匹可供乘。

至于重要的人物，他们死后则秘密地找一个空旷的地方，在那里他们把草、根和地上的一切东西移开，挖一个大坑，在这个坑的边缘，他们挖一个地下墓穴，在把尸体放入墓穴时，还用活人殉葬，他们把他生前宠爱的奴隶放在尸体下面。这个奴隶在尸体下面躺着，直至他几乎快要死去，这时他们就把他拖出来，让他呼吸；然后又把他放到尸体下面去，这样他们一连三次，如果这个奴隶幸而不死，那么，他从此以后就成为一个自由的人，能够做他高兴做的任何事情，并且在他主人的帐幕里和在他的主人亲戚中成为一个重要人物。他们把死人埋入墓穴时，除将他生前的帐幕丢在空地上，也把上面所说的其他各项东西一道埋进去。然后把墓穴前面的大坑填平，把草仍然覆盖在上面，恢复原来的样子，由于蒙古墓无冢，所以，以后没有人能够发现这些墓葬。

元朝皇帝的安葬是极为秘密的。据史载，诸帝皆葬于所谓漠北的起辇谷。蒙古人把这块墓地称之为"大禁地"。《蒙古黄金史纲》作不峏罕哈勒敦。波斯学者拉施特《史集》多次明言成吉思汗的大禁地在不儿罕·合勒敦山，幼子抱雷，及孙蒙哥合罕、忽必烈合罕、阿里不哥以及其他后裔也埋葬在那里。但另处又说靠近薛灵哥河之不答温都儿有成吉思汗的大禁地，除忽必烈外，唆鲁禾帖尼别姬及所有其他宗王均葬于此。关于元朝的"大禁地"究在何处，异议甚多。如历史地理学家张相文认为，成吉思汗的葬地在鄂尔多斯的伊金霍洛；而著名蒙古史学家屠寄认为在今蒙古人民共和国的客鲁伦河曲之西，土拉阿之东，肯特山之阳。蒙古大汗去世，用棺殓之，棺"用桦木二片，凿空其中，类人形大小合为棺，置遗体其中，加髹漆毕，则以黄金为圈，三圈定"。大汗无论死于何地，也要运其梓宫于漠北。为了保守秘密，不让人知道大汗的确切葬地，在前往墓地的当天，如遇有行路之人，皆尽行杀戮。至其所葬陵地，开穴所起土成块，依次排列，棺既下，复依次掩覆之。其有剩土，则运置他所。送葬官三员，居五里外。葬毕，"则用万马蹴平，俟草青方解严，则已漫同平坡，无复考志遗迹"。若干年后，参加送葬的人一死，便再也无人知道葬地的确切位置了。

现位于伊金霍洛的成吉思汗陵，是一个象征性的陵寝。蒙古人对大汗的葬地极为保密，但对祭祀的仪式则是公开进行并承袭下来的。在墓冢之外作八室神主，设立"室"，即"影堂"，蒙古俗尚白色，"祏室"由八个白色的帐包组成，所以又称"八白室"，内置画像，作为大汗陵寝的象征，供后人瞻仰祭扫。所藏的"银棺"及"遗物"等不过是象征寄托之物。葬地与祭祀之地的分离，主要是由于草原游牧民族频繁的流动和迁徙所造成的，特别是战争年代，所据之地随时可得可失，只能将葬地保密起来，才不至于受到破坏。但祭祀的仪式却不能因此而废，只好通过象征性的陵寝沿袭下来，并随部而行。

由于蒙古民族的安葬习俗和保密传统，要考察清楚元朝帝王葬地的确切地点便成为十分困难的事情。随着时间的推移，以及地名、地貌的变化，语言翻译的局限，使元朝皇陵的地点成了一个历史之谜。

原载《人民日报》海外版 1988 年 8 月 17 日，收入《历史之谜》，人民日报出版社 1991 年出版。

成吉思汗文化遗产的传承与开发[*]

一

关于成吉思汗墓葬与成吉思汗陵，我在 1988 年曾经写过一篇小文《元朝皇陵何处觅》发表在 1988 年 8 月 17 日《人民日报》海外版上，现在上网一查就能查到，2001 年 9 月 1 日有个自称"大卡"的人把我的文章全文传上了网络《北青报·青年论坛》的"探史"中。不过文章的名字被改成了《元朝帝王皇陵到底在何处》。我的这篇文章虽然不长，但是对蒙元皇陵的情况应该说已经介绍得比较清楚了。

700 多年来人们一直在寻找，近 200 年中有 100 多个考察队寻找过成吉思汗的陵墓，但都没有成功。在众多寻找陵墓的考察队中，规模最大的要数 1990—1993 年间的蒙日联合"三河源"考察队了。他们使用了当时最先进的仪器对

---

* 此文是 2010 年 7 月参加"成吉思汗文化与伊金霍洛——伊金霍洛 2010 成吉思汗文化论坛"时提供的参会论文。

地下 30 多米深处也进行了考察，考察面积达 1 万多平方公里。1990 年，日本 80 岁高龄的著名考古学家江上波夫，购买了蒙古草原的 TM 卫星图像，还动用航测直升飞机，将肯特山与和林草原进行了拉网式遥测勘探。他们与蒙古国科学院合作，斥资上亿美元，采用了各种现代技术，在蒙古国内的克鲁伦河畔的"起辇谷"寻找成吉思汗及其他蒙古皇陵。他们找到近 3500 座 13 世纪以前建造的古墓，而且还发现了成吉思汗时代的古城遗址，但最终没有找到一座皇陵。

江上波夫之后，1995 年，美国考古学家也动用卫星遥感、GPS 卫星定位和具备更大清晰度的卫星图像，详细分析蒙古国东部地区，寻找数年，也是一无所获。最后认为，成吉思汗陵墓应在中国境内。

至今蒙元的皇陵仍然未能被人发现，成吉思汗死后到底葬于何处？一直是史学界、考古学界的难解之题，现在归纳起来共有四种说法：一是位于蒙古国境内的肯特山南、克鲁伦河以北的地方；二是位于内蒙古鄂尔多斯市鄂托克旗境内；三是位于新疆北部阿勒泰山；四是位于宁夏境内的六盘山。近年来，因传说在成吉思汗墓葬里有大量的奇珍异宝随葬，又引发了不少探险家们的好奇和兴趣，纷纷组织队伍，并企图依据有关的一些并不充分的史料前往进行考古发掘。

2000 年 8 月，美国探险家穆里·克拉维兹率领着一支由科学家、考古学家组成的考古探险特别小组信心十足地前往蒙古首都乌兰巴托寻找成吉思汗陵墓。2001 年 8 月 16 日，克拉维兹的考古队在乌兰巴托东北 322 公里处的肯特省巴士利特镇发现了一个由城墙环绕着的墓地，里面至少有

30座没有打开过的陵墓。至2004年这个古墓地被考古队称为"非常可能是成吉思汗的陵墓"。然而，4个月后，考古队突然放弃挖掘行动并撤出蒙古。据传在考察过程中，美国考古队的一些工作人员被陵墓墙壁中忽然涌出的许多毒蛇咬伤，他们停放在山边的车辆也无缘无故地滑落下山坡，这样，当地的百姓就认为是成吉思汗在显灵了，成吉思汗的墓葬是受到神秘符咒保护、任何人都不得惊动的，所以考古队最后决定放弃挖掘。

不过，真实情况据说是考古队受到了蒙古政府和民间的阻止。因为按照蒙古的传统观念，挖掘土地会带来坏运气，而触动祖先的坟墓会毁灭他的灵魂。所以，当蒙古国民众得知这一消息后，纷纷强烈反对挖掘，蒙古国政府也认为考古队的目的不是科学研究，而是一种商业投机行为，故勒令考古队停止挖掘并撤出那个地区。所以，主要投资者克拉维兹不得不宣布停止考察活动。但后来证明那些陵墓是群匈奴墓葬。中国民族摄影艺术出版社2004年出版梁越《大汗的挽歌：寻找成吉思汗陵墓》一书以报告文学的形式对此有较详细的描述。

最具冲击力的要数2004年10月6日，英国《泰晤士报》的一篇报道，称一支分别来自日本和蒙古的联合考古队日前宣布他们找到了可能打开成吉思汗陵墓之谜的"钥匙"——成吉思汗的灵庙。如果灵庙身份得到确证，那么将会在灵庙方圆12公里范围内锁定成吉思汗的陵墓。

该报道称，10月4日，日蒙联合考古队在位于距离蒙古首都乌兰巴托约150英里的阿夫拉加市达尔根哈安村附近，发现一座建在四角形基座上的 13 到 15 世纪的灵庙遗址。在灵庙的下方是一座几乎已成废墟的石头平台，在石头平台的下方藏有许多坑洞，里面埋葬着许多战马的骨灰和遗骨。从战马遗骸的数目之众来看，这座陵墓的主人显然地位非同寻常。在方形约 25 米的基坛上还发现了作为灵庙遗存的基石和柱穴，因为没有发现瓦和砖，所以推测上面所建应该是帐篷。

考古学家们认为，这个石头平台应该就是陵墓的原始地基。在灵庙内，还发现从上面看为"凸"形的、高约 40 厘米的石壁，上面有烧火的痕迹。基坛的周围发现了埋灰和马骨的坑，认为这是为祭祀成吉思汗而烧马等"烧饭"仪式的证据，这与中国史书的记载一致。另外，在灵庙的南侧，出土了刻有作为皇帝象征的龙的纹样的香炉，这则与 14 世纪波斯历史书的记载相一致。

考古发掘队的负责人之一——日本新潟大学的白石典之教授介绍称，距这个陵墓 7 英里之内密布着各个时代的蒙古首领陵墓。种种迹象表明，这里应当便是传说已久的成吉思汗陵墓。

这一说法，中国学者并不认可，尤其是没有可资佐证的实物出土，因此还只能是一个揣测。我觉得我们大可不必花费那么大的精力去论证或驳斥他们的看法，因为考古研究是要凭实物说话，就像最近炒得沸沸扬扬的曹操墓一样，在没找到确凿的出土实物之前，一切都不能作结论。

我们的任务是要保护好、研究好、宣传好、利用好自己的文化遗产——伊金霍洛成吉思汗陵，这是谁也不可替代的。

伊金霍洛成吉思汗陵

二

　　我们今天研究成吉思汗，是为了研究和继承他的思想和
文化遗产。中国历代帝王陵墓数秦始皇为最侈，穷天下之
力，倾天下之财，尽后宫之女而为之，高耸的陵冢数十里远
即可看到，墓内还建筑各式宫殿，陈列各色奇珍异宝，汉、
唐、宋、明、清诸帝陵也极为奢华，唯独蒙元的皇陵至今仍
是一个谜。由于古代蒙古民族的习俗，人去世后需要有一个
不被打搅的安静环境，尤其是帝王更是如此，所以都是有墓
无冢，经过秘密安葬，若干年后人们就很难再找到其埋葬
地点。

蒙古人对大汗的葬地极为保密，但对祭祀的仪式则是公开进行并承袭下来的。在墓冢之外作八室神主，设立"室"，即"影堂"，蒙古俗尚白色，"祐室"由八个白色的毡帐组成，所以又称"八白室（宫）"，内置画像，作为大汗陵寝的象征，毡帐里供奉着成吉思汗的遗物，象征着墓地，供后人瞻仰祭扫。所藏的"银棺"及"遗物"等不过是象征寄托之物。葬地与祭祀之地的分离，主要是由于草原游牧民族频繁的流动和迁徙所造成的，特别是战争年代，所据之地随时可得可失，只能将葬地保密起来，才不至于受到破坏。但祭祀的仪式却不能因此而废，只有通过象征性的陵寝沿袭下来，并随部而行。这样的陵园既便于迁移，也便于祭祀，很符合游牧民族到处迁徙的特点。成吉思汗于1227年病逝后，其四子大蒙古国监国拖雷为成吉思汗建立"八白室"进行祭祀，由专门的部落进行守护，并负责每日的祭祀。

从蒙古人的习俗和过去信奉的萨满教讲，祭奠先人主要是祭灵魂，不是祭尸骨。按照蒙古族的习惯，人将死时，他的最后一口气——灵魂将离开人体而依附到放置嘴边的驼毛上。根据史料记载，吸附成吉思汗先祖最后一口气的驼毛，几百年来就收藏于鄂尔多斯成吉思汗陵的灵柩——"银棺"内。"八白室（宫）"迁移多处，起初在肯特山一带的蒙古高原上，后又移到黄河河套一带，最后迁到鄂尔多斯高原，即今天的伊金霍洛旗。"伊金霍洛"在蒙语里就是"主人的陵寝"之意。

元世祖忽必烈时代即把鄂尔多斯地区划入中央直辖的中

查干苏鲁克祭典圣地阿拉坦甘德尔敖包

书省，并将"八白室"的所在地定名为"伊金霍洛"，而不是现在位于蒙古国的肯特山的地方，这绝不会是随意的，也不容许随意。此外，忽必烈法定的成吉思汗四时大祭中最大的一次"查干苏鲁克祭典"就在伊金霍洛旗成吉思汗陵举行。作为世界上以守护成吉思汗陵寝为唯一职责的世袭守陵人达尔扈特蒙古人，700多年来一直把这个传统的祭奠活动坚持下来，实行着最完备、最权威、最具蒙元特色的祭祀制度。

早年蒙古人没有肉身崇拜的传统，认为人的躯体来源于大自然，去世了也应该再回归到大自然。早日安葬，灵魂方可升天。因此，在伊金霍洛成吉思汗陵供奉的银棺灵柩中，保存的是成吉思汗去世时的灵魂吸附物白公驼顶鬃，而不是

成吉思汗的遗骸，这是符合蒙古族一贯的历史习俗传统，打
搅死者灵魂是对死者的不敬，遗体没有保存的价值，关键是
灵魂不灭。这些年在蒙古国境内大规模的考古发掘已经违反
了草原原有的祭祀文化，引起蒙古民族的反感和抵触。实际
证明，至今也一直没有找到什么出来。

成吉思汗铜像

祭奠成吉思汗陵是蒙古民族最隆重、最庄严的祭祀活
动，简称祭成陵。蒙古族祭奠成吉思汗的习俗，最早始于窝
阔台时代，到忽必烈时代正式颁发圣旨，规定祭奠成吉思汗
先祖的各种祭礼，使之日臻完善（《元史·礼乐志》《元

史·祭祀志》）。现今鄂尔多斯伊金霍洛的成吉思汗祭典，就是沿袭古代传说的祭礼，内容丰富，内涵深刻，形式独特，成为蒙古民族传统文化的经典。成吉思汗祭祀每日都进行，一般分平日祭、月祭和季祭，都有固定的日期。专项祭祀一年举行六十多次。特别是成吉思汗四时大祭规模宏大，影响深远。春季的查干苏鲁克大典，农历每年三月十七至二十四日举行，其二十一日为主祭日，前后历时八天。在大典期间，分布在鄂尔多斯各旗的八白室集聚大伊金霍洛，参加大典。这也是八白室分散到各地之后，每年聚集一次的盛大祭祀活动。这一庆典式的祭祀活动，具有多种礼仪和仪式，当地政府官员、济农及各旗扎萨克都要前来参加，各地的群众来得最多，持续时间又长，是蒙古民族一年一度的盛大的祭典大会。

关于参加大典的官员，北元时期规定，"圣主四时大典的祭祀中，可汗带十个朋友，济农带六个朋友，洪台吉带两个朋友，其他台吉们各带一个朋友前来祭拜"。守陵达尔扈特按传统习俗隆重举行奉祭、公祭，献奶祭天，金殿大祭，苏勒德祭，溜圆白骏神马祭，巴图吉勒（坚固的练绳）祭，祝福祭等各项仪式。其独特的奶祭、牲祭、火祭、酒祭、歌祭习俗和丰富的祭奠祭词，具有深刻的含义，涵盖蒙古民族古老的历史文化、民俗信仰、语言文字等诸多方面。使各族群众不仅参与祭祀活动，同时也领略了神秘的成吉思汗祭祀文化。

成吉思汗陵是蒙古民族最崇高神圣的地方。1938年，侵华日军妄图攫取成吉思汗陵，以此号令内蒙古人民归附日

伊金霍洛成吉思汗陵祭坛

本人并在绥远成立的伪政权，提出把成吉思汗陵搬迁到日占区。当时，蒙古王公断然拒绝了这个提议，与国民政府商榷后决定将成吉思汗灵柩西迁。

1939年6月初，移陵开始。6月21日，成吉思汗灵柩到达延安，陕甘宁边区政府举行祭典，毛泽东等中共领导人敬献了花圈。7月初，成吉思汗灵柩安然抵达甘肃榆中县兴隆山东山大佛殿。1949年成吉思汗灵柩又从兴隆山迁至青海湟中县塔尔寺。

1953年，内蒙古自治区政府应蒙古族人民的要求，向中央呈上恳请将成吉思汗灵柩迁回伊金霍洛的报告。周恩来总理批准了报告，并批示由政府拨专款80万元在伊金霍洛旗重新修建成吉思汗陵园。

　　1954 年 3 月 15 日，内蒙古自治区迎接成吉思汗灵枢代表团一行 29 人前往青海省。4 月 7 日，成吉思汗灵枢被重新迎回安放在 1939 年西迁时的陵地里。这样，与中华民族一起历经劫难的成吉思汗之灵枢又回到了阔别 15 年的故土。

　　1954 年 4 月 23 日，成吉思汗陵回迁之后的首次大祭和新陵园奠基仪式在伊金霍洛旗举行。1956 年新殿落成时，人们将从当时伊克昭盟（即今鄂尔多斯市）各旗陆续收集到的成吉思汗亲属灵枢、成吉思汗战旗——苏鲁定等供奉物与成吉思汗灵枢一起放入新殿中。现在，成吉思汗陵里还分别供放着成吉思汗的夫人、胞弟，以及成吉思汗第四子拖雷及其夫人的灵枢。

伊金霍洛成吉思汗陵祭殿

由于守陵的达尔扈特人将这一民族珍贵的文化遗产从远古完整地传承至今，2006 年 6 月，成吉思汗祭祀被列入国务院公布的"第一批国家级非物质文化遗产"名录。我认为成吉思汗陵的祭奠活动就是最好的民族精神、民族文化遗产的传承，伊金霍洛的成吉思汗陵已是世界上公认的，也是唯一的无可替代的最具影响力的成吉思汗祭奠地，几百年来，人们在这里进行公祭活动，国内外的蒙古族人每年也都要到这里来进行祭祀。可以说，它的存在、它的文化的积淀、它的历史的厚重感，都要远比发现实际的陵寝更重要，意义更深远。成吉思汗陵，是蒙古民族历史文化之摇篮，是中华民族优秀文化之宝库，也是世界文化之瑰宝。

三

成吉思汗是中华民族历史上杰出的英雄人物，成吉思汗陵是中华民族的珍贵历史文化遗产，对此，我认为：我们应该倍加珍惜和爱护。在保护的同时，我们还应该继承和发扬，要积极地充分地去宣传、开发和利用好这一优秀历史文化资源。

"成吉思汗祭祀"是一个非常优秀的非物质文化遗产，有着 700 多年的历史。但目前它的影响力却远远低于其本身之价值，而且只是列入了全国的非物质文化遗产名录，我们要在"查干苏鲁克祭典"这一基础之上进行充实、丰富、提高，努力争取将其申报成为世界非物质文化遗产。根据联合国教科文组织通过的《保护非物质文化遗产公约》中的定义，"非物质文化遗产"指被各群体、团体、有时为个人所视为其文化遗产的各种实践、表演、表现形式、知识体系和技能及其有关的工具、实物、工艺品和文化场所。各个群体和团体随着其所处环境、与自然界的相互关系和历史条件的变化不断使这种代代相传的非物质文化遗产得到创新，同时使他们自己具有一种认同感和历史感，从而促进了文化多样性和激发人类的创造力。我认为根据这一定义是完全有可能实现的。有可能的话，还应将成吉思汗陵、查干苏鲁克祭典、阿尔寨石窟、"敖楞瑙亥音其日嘎"（百眼井）等，打包放在一起，形成一个成吉思汗历史文化圈，去向联合国教科文组织申报世界文化遗产名录。

另外，以成吉思汗为旗帜，以伊金霍洛为平台，形成一个重要的对外窗口，发起举办国际性的"成吉思汗论坛"，每年召开一次，要把世界一流的专家学者或政要请过来，在论坛上发表演讲，要大讲成吉思汗、要大讲成吉思汗的历史、要大讲成吉思汗箴言、要大讲成吉思汗的精神、要大讲成吉思汗文化的传承与重要意义，进一步弘扬成吉思汗的历史文化精神，提高伊金霍洛的文化形象及文化的软实力，这样就可以吸引世界各地更多的学者以及所有对成吉思汗，对蒙古历史、文化感兴趣的人都能慕名而来。每年论坛要有一到两个新主题，在不久的时间里，逐步形成一个世界性的国际知名品牌"成吉思汗国际高端论坛"，要让所有研究成吉思汗、研究蒙古历史、研究东方文化的学者都知道：世界上最权威、最高端的蒙古问题国际学术论坛在中国的伊金霍洛，能够站在这个讲坛上发表演讲是一种荣耀。

上述两项重大文化工程的建设，离不开政府与社会各界的关心和大力支持。如能实现，必将对当地文化的发展、经济的繁荣、交通的发达、旅游业的兴旺带来不可估量的影响，其意义是巨大的，也是深远的！

2010 年 7 月 10 日

原载《成吉思汗文化与伊金霍洛——伊金霍洛 2010 成吉思汗文化论坛文集》，内蒙古大学出版社 2011 年版。

成吉思汗与伊金霍洛的文化经济*

　　成吉思汗是中华民族历史上的杰出英雄人物，成吉思汗陵是中华民族的珍贵历史文化遗产。每年成吉思汗陵的祭奠活动就是最好的民族精神、民族文化遗产的传承。现在伊金霍洛的成吉思汗陵已是世界上公认的，也是唯一的无可复制的最具影响力的成吉思汗祭奠地，几百年来，人们在这里进行公祭活动，国内外的蒙古族人每年也都要到这里来进行祭祀。我在去年提交论坛的《成吉思汗文化遗产的传承与开发》一文中就说过，它的存在、它的文化的积淀、它的历史的厚重感，都要远比发现实际的陵寝更重要，意义更深远。成吉思汗陵，是蒙古民族历史文化之摇篮，是中华民族优秀文化之宝库，也是世界文化之瑰宝。

　　这几年随着伊金霍洛旗的经济飞跃发展，很高兴地看到成吉思汗历史文化的资源已越来越被重视，并逐渐成为伊金霍洛旗的重要文化旅游资源、城市文化品牌标志。但要发展

---

　　* 此文是 2011 年 11 月 7 日参加"伊金霍洛 2011 成吉思汗文化论坛"时提供的参会论文。

134

鄂尔多斯青铜文化广场

伊金霍洛旗的文化旅游经济还有几点需要注意：

一、抓紧申报世界非物质文化遗产

在成吉思汗陵，每年都要举行规模宏大的祭祀仪典。"成吉思汗祭祀"是一个非常优秀的非物质文化遗产，有着700多年的历史。"成吉思汗祭祀"是一种独特的民族祭祀文化现象，突出了蒙古民族最高祭祀仪式，因其悠久的历史、丰富的历史信息、独特的文化传承，2006年6月，被列入国务院公布的"第一批国家级非物质文化遗产"名录。我们应该倍加珍惜和爱护。但目前它的影响力却远远低于其本身之价值，虽然已被列入了全国的非物质文化遗产名录，但在全国的旅游文化线路中，我们还很难看到"成吉思汗祭祀文化之乡"的踪迹。我们要在"查干苏鲁克祭典"这一基础之上进行充实、丰富、提高，在大力宣传的基础上，努力争取早日将其申报成为世界非物质文化遗产。

根据联合国教科文组织通过的《保护非物质文化遗产公约》中的定义，"非物质文化遗产"指被各群体、团体、有时为个人所视为其文化遗产的各种实践、表演、表现形式、知识体系和技能及其有关的工具、实物、工艺品和文化场所。各个群体和团体随着其所处环境、与自然界的相互关系和历史条件的变化不断使这种代代相传的非物质文化遗产得到创新，同时使他们自己具有一种认同感和历史感，从而促进了文化多样性和激发人类的创造力。我认为根据这一定义是完全有可能实现的。在 2009 年的成吉思汗文化论坛上，沈昌伟等多位先生已提出了这一问题①，在去年的论坛上我也提出了要抓紧申遗的建议。申遗如能成功，既是对成吉思汗祭祀文化的一种有力保护和重视，也意味着成吉思汗祭祀文化正式走出了国门，彰显出成吉思汗祭祀文化的世界性，同时也提升了伊金霍洛旗、鄂尔多斯草原的影响力。

二、历史文化资源的有机整合

伊金霍洛旗是成吉思汗文化传承的核心区。除成吉思汗

---

① 沈昌伟：《成吉思汗文化和传说应申请世界非物质文化遗产》，《成吉思汗文化品牌与伊金霍洛——伊金霍洛旗 2009 成吉思汗文化论坛文集》，内蒙古人民出版社 2010 年 1 月第 1 版。

陵、查干苏鲁克祭典外，还保留了很多与成吉思汗相关的历史遗迹和文化传说。如鄂托克旗公其日嘎苏木西南 30 公里处的阿尔寨石窟，它至今还是一个"谜"。在茫茫大漠草原怀抱之中的一块丘陵地上，耸立着一座孤零零的红砂岩石小山。山虽小，但岩壁陡峭，在险峻的峭壁上分布着许多大大小小的石窟，即俗称"百眼窟"。在漫长的历史岁月里，由于风吹雨打自然风化侵蚀，岩石疏松，山崖坍塌，部分石窟已遭到破坏。还能看到的石窟尚存 49 座，这些石窟不很规则地排列在岩壁上，分为上、中、下三层。在石壁的中上部，还有 9 座造型、大小不等的浮雕石塔点缀在大石窟之间。一座小小的孤山，许多神奇的石窟，共同构成了一个五彩缤纷又扑朔迷离的绘画雕刻的艺术宫殿。据研究，石窟开凿于西夏时期，盛于元朝，至明代还在延续使用。窟内现存近千平方米的彩绘壁画，大部分壁画属藏传佛教系统，历史价值和观赏价值极高。有许多反映当时社会生活场景的世俗壁画，尤以《成吉思汗家族崇拜图》《蒙古帝王葬丧图》最为珍贵。壁画上附有绘画内容的文字包括藏文、回鹘蒙文和梵文，反映古代不同民族文化交流状况，特别是早期回鹘蒙古文榜题，是目前世界上发现回鹘蒙古文榜题最多的遗址。

阿尔寨石窟有"草原上的敦煌"之称，在中国石窟文化中占据着重要地位，已被列为全国重点文物保护单位。传说成吉思汗第六次征西夏时，其主力部队就是在阿尔寨石窟地区集中的，成吉思汗还曾在这里养过伤，议定过出征西夏的军国大计。

与阿尔寨石窟不远的就是百眼井，蒙语称"敖楞瑙亥音其日嘎",汉语译作"众狗之井",地处一片平梁沙地,是由分布于东北至西南向,面积约 3 万平方米的凹形区域中的一百多眼配有石制槽枥、围槛的水井组成,间距为 10 余米,井深数丈。其水井分布之集中、数量之众多,在全世界也实属罕见。

关于百眼井的成因,传说当年成吉思汗屯驻大军于此,每日携带众多的猎狗,在草原上围捕黄羊、狍子、狐狸。一日,狩猎者人困马乏,猎狗焦渴,草原上既无清泉也无井水,成吉思汗心急如火,命令兵器巨匠尧勒达日玛,以最快的速度找到水源地,钻出 108 眼水井,解了燃眉之急。从此,当地牧民就称这片水井为"敖楞瑙亥音其日嘎"。但也有传说认为,百眼井是由北宋大将杨六郎于此屯边时为解决兵马饮水的问题,使用梅花枪开凿而出的。为了防止泥沙淤塞,井口处以石块垒起的高一米左右的圆形护墙,依然保存完好,俯视井中,幽然深不见底。

百眼井一是得名,蒙古族牧民称其为"众狗之井",这是何意?井是被一群狗刨挖出来的,还是为一大群狗饮水之用?二是开凿,百眼井星罗棋布,深的百十米,浅的也有十余米,井壁光滑,无凿戳的痕迹,也无下井的蹬阶,井筒穿透一层又一层坚硬的砂岩,鬼斧神工,叹为观止,谁有如此之神力?三是周边多为荒漠化草地,古时没有先进的探测仪器,层层砂岩之下,怎会知有如此甘泉?

虽有历史学家考证,成吉思汗第六次南征西夏时,数十万大军在此曾屯聚约一年之久,为保证兵马饮水需要,开凿了众多水井。这一地区,在拉施特的《史集》以及《多桑蒙古史》《蒙兀儿史记》《院士译文补正》等史籍中均有记载。但由于均缺乏确切考古与文献证据而无法加以证实，遂成千古之谜。

除以上两处典型的历史文化遗址外，在伊金霍洛区域内还有很多与成吉思汗历史有关联的历史文化遗承、遗迹尚待开发，如达尔扈特民俗、达尔扈特八大庙①、陶高布拉格神泉②、君王府③等。我们在保护利用开发成吉思汗历史旅游文化资源的时候，一定要注意除成吉思汗陵、查干苏鲁克祭典等成吉思汗文化的核心内容外，还应把诸如阿尔寨石窟、"敖楞瑙亥音其日嘎"（百眼井）等所有与成吉思汗历史有关的有形和无形的历史文化资源，全部打包放在一起，形成一个成吉思汗历史文化圈，让人们感受到这个历史文化旅游圈的内容并不少，更不是单一的，而恰恰相反，内容非常丰富，并且是相当充实的。

三、历史文化资源的科学利用

在大力开发成吉思汗文化旅游资源的同时，先要好好地深度发掘与成吉思汗文化相关的历史文化资源，把内容做扎

---

① 16世纪中叶后，达尔扈特人在伊金霍洛周边建立起自己的8座藏传寺庙，即石灰庙、希里庙、斋生庙、沙日塔拉庙、格丑庙、乌兰木伦庙、查尔贝庙、诺干布拉格庙。

② 陶高布拉格神泉位于成吉思汗陵东侧的巴音昌呼格草原，是达尔扈特人的世代聚集地。

③ 达尔扈特君王旗札萨克的府邸，位于伊金霍洛旗阿勒腾席热镇，是成吉思汗黄金家族后裔管理祖先陵宫的重要代表地，建于清光绪二十八年。

实了，这是第一位。去年我第二次到伊旗，距离第一次来已
相隔有三十年，确实感受到面目一新，变化巨大，尤其是成
陵旅游区的开发，印象非常的深。

成吉思汗陵旅游区

这几年伊金霍洛旗在注重城市建设的同时，联手东联集
团大力修缮了成吉思汗陵，并规划建设了成吉思汗陵旅游
区、蒙古历史文化博物馆、成吉思汗大道、母亲园等，这对
保护和弘扬成吉思汗文化，提升伊金霍洛旗富民强旗、转型
发展的软实力，进一步树立伊金霍洛旗城市品牌形象无疑是
起到了积极的作用，成绩是毋庸置疑的。但这些毕竟都是刚
开发的新景观，无论从历史的角度，还是文化的积淀上，以
及内容的形式上都还缺乏对旅游者的高度吸引力。要发展旅
游业，仅靠历史文化资源和建设一些新的景观还不够，要会

宣传，要对优秀文化资源学会科学地去利用。

首先是能否把客人吸引来，最重要的手段当然莫过于宣传、靠广而告之。除用好报纸、杂志、广播电台等普通传统宣传外，还要充分利用新的、现代化的各种平台及高科技手段，如汽车、火车、飞机等公共交通工具上的广告，车站、机场、高速公路上的户外广告，电影、电视、互联网、手机上的视觉动态广告等，其特点是速度快、流动大、传播广、无地域、没国界、易接受。

客人来了能否把人留得住，这就要靠我们的内容，靠硬件，要有能看的东西，一部《庐山恋》放了千万场次，获得世界吉尼斯英国总部正式授予的吉尼斯世界纪录，成了宣传庐山的最佳名片。一个飞机穿越天门洞的创意，使张家界成了世界关注的焦点。3D电影《阿凡达》又把张家界的旅游热推向了顶峰，主要景点天子山的旅游登山缆车索道在高峰时，游客排队等候竟达近4个小时，平时也要2个多小时。张艺谋的"印象刘三姐""印象西湖"，张家界的"天门狐仙——新刘海砍樵"等大型歌舞剧，由于场面宏大、服饰音响优美、情景感人，虽门票卖到200多元，但每天也都成了一票难求的热门项目。所以，除了老祖宗留下来的东西外，我们还要有历史文化内涵的深度开发和形式上的创新，要有能满足老、中、青各色人等的不同差异化需求。

留下来住得能否满意，是靠我们的服务，靠我们的热情。宾馆饭店的配套，休闲娱乐购物场所的配套，景点之间的交通配套，景点与市区之间的交通配套，市区与机场、车站之间的交通配套等是否便利，环境饮食是否优美干净卫

伊金霍洛天骄蒙古大营

生，宾馆饭店及景点接待人员服务是否周到细致，都是能否让客人满意的重要因素。要努力做到让游客住得方便、游得开心、玩得尽兴、吃得放心、走得高兴。

四、历史文化资源的横向协调、综合发展

历史文化资源的有效发展，向来不是单一的。伊金霍洛旗历史悠久，人文独特，要使历史文化资源得到有效利用和大发展，还需要得到横向的协调扶持和经济上的有力支撑。

伊金霍洛旗地处毛乌素沙地的东南，全旗原三分之一面积为滚滚沙漠。从 20 世纪 70 年代起开始治沙退耕还林还

牧，经过不懈的艰苦努力，取得了重大的突破。全旗森林覆盖率达到38.1%，植被覆盖率达到87%，先后被评为"全国绿化模范旗""全国绿化百佳县""全国退耕还林后续产业先进旗""全国退耕还林先进县""中国十佳绿色城市""中国绿色名旗""中国全面小康生态文明县""中国十佳和谐可持续发展城市"等。

伊金霍洛旗物华天宝，自然资源富集，这里有喷涌的气田，丰富的煤炭，以及天然碱、天然气、石英砂、石灰岩、泥炭、黏土等。特别是煤炭，素有"地下煤海"之称，已探明的储量达278亿吨，煤质以低灰、低硫、低磷、高发热量"三低一高"饮誉海内外，是神府东胜煤田的主采区，国内重要的能源基地之一。

伊金霍洛的坑口电站

依托国家西部大开发和能源产业的大发展，伊金霍洛这几年已在经济上处于西部乃至全国的前列。伊金霍洛旗经济上的雄厚实力为文化旅游业的发展奠定了坚实的基础。加大投资，积极宣传，文化旅游业的发展又会回过头来反刍推动地区的品牌效益，带来经济上的更高收益率。结合成吉思汗文化及沙漠生态绿化、煤炭能源形成伊金霍洛旗的三大独特城市品牌，在政府的主导下，大力开发黄、绿、黑三大旅游观光产业带。黄，即以历史文化资源成吉思汗陵为中心的史迹、纪念地、博物馆、民间传说、民俗歌舞表演等的文化旅游；绿，即以治沙防沙工程、植树造林工程、生态湿地保护、民居、城市建设的生态旅游；黑，即煤气能源建设、工业项目的考察旅游。三大线路互补互动、横向协调、综合发展。

成吉思汗陵已成为全体蒙古民族的心灵圣地，成吉思汗文化更是伊金霍洛旗的重要文化品牌标志。在"文化塑旗"的战略思想指导下，在全旗人民的共同努力下，我相信伊金霍洛旗一定会建设成为全国著名的民族文化旅游胜地。

二○一一年八月五日完稿

原载《西部大开发》，2011年第12期。

又记：

2011年10月，党的十七届六中全会通过了《中共中央关于深化文化体制改革推动社会主义文化大发展大繁荣若干重大问题的决定》，经过学习，补充几点意见：

1. 十七届六中全会指出："文化是民族的血脉，是人民的精神家园。在我国五千多年文明发展历程中，各民族人民紧密团结、自强不息，共同创造出源远流长、博大精深的中华文化，为中华民族发展壮大提供了强大精神力量，为人类文明进步做出了不可磨灭的重大贡献。"这次中央对文化体制改革，用中央全会讨论通过决定的形式，来进行肯定与指导是历史上从来没有过的。说明了中央对社会主义文化建设的高度重视。

2. 机不可失，时不再来，要抓住机遇，在中央政策利好的情况下，在地区政府的有力支持下，我们一定要解放思想，积极创新，按照六中全会的精神："要全面认识祖国传统文化，取其精华、去其糟粕，古为今用、推陈出新，坚持保护利用、普及弘扬并重，加强对优秀传统文化思想价值的挖掘和阐发，维护民族文化基本元素，使优秀传统文化成为新时代鼓舞人民前进的精神力量。""加强国家重大文化和自然遗产地、重点文物保护单位、历史文化名城名镇名村保护建设，抓好非物质文化遗产保护传承"，使成吉思汗历史文化资源得到有力的张扬。

3. 六中全会决定指出："规划建设各具特色的文化创业创意园区，支持中小文化企业发展。推动文化产业与旅游、体育、信息、物流、建筑等产业融合发展，增加相关产业文化含量，延伸文化产业链，提高附加值。""积极发展文化旅游，促进非物质文化遗产保护传承与旅游相结合，发挥旅游对文化消费的促进作用。"这和我们今天讨论的主题不谋

而合，要开拓思路，合理地、科学地开发利用好老祖宗留下
的宝贵文化遗产。

2011 年 11 月 8 日

神臂城的历史与现实意义[*]

摘要：研究神臂城的历史，一是要搞清基本史实，二是这段历史带给我们的思考，三是研究它的现实意义。

神臂城，又名铁泸城，民间习惯称"老泸州"，是国家级重点文物保护单位。它位于泸州市合江县神臂城镇（原焦滩乡）老泸村的神臂山上，西距泸州市区20公里。神臂城城址东西长1200米，南北宽800米，周长3365米，方圆约1平方公里。长江三面环绕，四周悬崖峭壁，有如天神巨臂伸入江中，扼制住蜿蜒而过的滔滔大江，故名神臂城。巴蜀地区是宋元战争的重要战场，因战争在此地区持续了四十多年而著称于世。神臂城与重庆市合川区境内的钓鱼城齐名，都是宋元战争巴蜀战场的重要遗址，素有"天生的重庆，铁打的泸州"之称。神臂城濒临长江，地势险要，水域开阔，因刘整降元事件牵动宋元战局，影响

---

* 此文是2015年参加"神臂城与宋元战争"学术讨论会提供的参会论文。

十分重大。

神臂城扼守长江天险

我认为：今天我们研究神臂城的历史，第一需要把基本的史实弄清楚，第二是这段历史告诉了我们什么，第三是研究它的现实意义。

一

1234年，金国被蒙古汗国所灭。蒙古汗国仿照当年金国灭辽后的做法，即刻转身大举进攻南宋。可悲的是，南宋王朝并未吸取北宋王朝灭亡的惨痛教训，竟然相信与蒙古汗国的盟约，没有认真对待蒙军的进攻。1235年蒙军兵分中、东、西三路南侵，西路军由窝阔台之子阔端率领。"取吴必先取蜀"①，在以取蜀灭宋的大战略下，1236年，由阔端率领的蒙古西路军入侵泸州，开启了泸州最惨烈的一段历史，泸州军民由此进入了一个艰难抗击蒙古军队入侵的特殊时期。

嘉熙元年（1237年），泸州安抚使黎伯登开始"重建府军治所"②。嘉熙三年（1239年），泸州军民先后新筑合江榕山城。③次年，又在安乐山筑城。

淳祐三年（1243年），新任四川安抚制置使余玠来到重庆，为抗击蒙军来犯，下《招贤榜》"集众思，广众益"④，并命知州曹致大"创筑城壁，就领安抚使行州事"⑤，把泸州城迁至神臂山上，依山筑城固守，形成四川防御体系的南部支撑点，一场壮烈的抗击蒙古军队的战役就此正面展开了。

宝祐六年（1258年），蒙古都元帅按敦进攻泸州，部将石抹按只率"战舰七十艘至马湖江，宋军先以五百艘控扼江渡，按只击败之。时宋兵於沿江撤桥据守，按只相地形，造浮桥，师至无留行。宋欲挠其役，兵出辄败"⑥，但神臂城终未攻破，双方呈胶着状态。景定二年（1261年）初，潼川府路安抚副使兼知泸州刘整，遭到右丞相兼枢密使贾似道陷害，被定死罪。刘整为求生，举城投降蒙军。神臂城陷落，泸州至此第一次为蒙古军完全控制。元世祖忽必烈

---

① 《元史》卷一六一《杨大渊传》。
② 李心传：《泸南重建府军记》，正德《四川志》卷三十六。
③ 《宋史》卷八十九《地理志》五。
④ 《宋史》卷四一六《余玠传》。
⑤ 《元一统志》（辑本）卷五。
⑥ 《元史》卷一五四《石抹按只传》。

"以整行夔府路中书省兼安抚使，佩虎符"① 仍驻节泸州。

景定二年（1261年）七月，四川安抚制置副使俞兴奉命讨逆，收复失地。

俞兴孤军贸然进攻神臂城，泸州军民踊跃协助配合。八月，蒙古援军到达，刘整派兵从神臂城的暗道出击，配合蒙军内外夹攻，宋军大败，全军覆没。南宋王朝得悉宋军战败消息，急命夔州路策应大使吕文德兼任四川宣抚使，星夜收复神臂城。吕文德率军溯江而上，拼死收复了神臂城的外围寨堡，但没有后续援军支援，不能持续展开攻势，只好在神臂城对岸依势筑城待援。两个月后，吕文德重新调整部署，在援军和泸州军民的有力支持下，围困神臂城。吕文德吸取俞兴战败的教训，牢牢切断了刘整与外界的所有联系，使刘整陷入了孤立无援境地。无奈之下，刘整于景定三年（1262年）正月败走，吕文德成功收复了神臂城，把泸州改为江安州，大力动员泸州军民修复被毁的城寨防御设施，积极备战，以抗击蒙军的更大攻势。

咸淳四年（1268年），蒙征行万户完颜石柱率水师大军"攻泸州之水寨，击五获寨、渡马湖江，迎击宋兵，败之"②，神臂城守军以少胜多，予以迎头痛击，大败蒙军，使权力尚未握稳的忽必烈受到极大震动，泸州军民为此却受到极大鼓舞，四川地区以及南宋王朝也振奋起来，但南宋朝廷并未充分利用难得的胜利机遇，苟且偷安，消极防御，松

---

① 《元史》卷四《世祖本纪》一。
② 《元史》卷一六五《完颜石柱传》。

弛武备，致使泸州军民在神臂城付出的巨大牺牲几乎白流！

咸淳五年（1269年）正月，蒙军"也速带儿领兵趋泸州，遣按只以舟运其器械、粮食，由水道进。宋兵复扼马湖江，按只击败之，生获四十人，夺其船五艘，复以水军一千，运粮于眉、简二州，军中赖之"。[①]

德祐元年（1275年）六月初，屏障神臂城的上游军事设施被元军逐一破毁，神臂城陷于孤立无援境地。元西川行枢密副使忽敦率水军总管石抹不老和陆军广威将军、同金西川行枢密院事刘思敬等部合力围攻神臂城。此时，驻守神臂城的潼川路安抚使、知江安州守将梅应春却于六月初十投降元军。神臂城再次陷落，江安州恢复泸州名称，南宋朝廷受到极大打击。

神臂城失陷后，爱国志士合江先坤朋和永川刘霖暗中密谋收复行动。刘霖冒死潜至合州钓鱼城搬援兵，说服四川制置副使、知重庆府张钰出兵帮助收复神臂城。景炎元年（1276年）六月初三夜，刘霖与合州的援兵赵安部悄然运动至神臂城下，派壮士数十人梯城而入，与内应先坤朋一起杀掉守门元军，打开城门，宋军大举攻入城内，全歼元兵，叛将梅应春及元西川行院先锋大将赵匣剌被斩杀，"与从者二十人皆死之"[②]。神臂城光复后，防务交泸州安抚使王世昌主持。

元军丢失神臂城，恐慌至极。奉元世祖忽必烈之命，元

① 《元史》卷一五四《石抹按只传》。
② 《元史》卷一六五《赵匣剌传》。

泸州城、神臂城遗址

东、西两川行院调集大军再度围攻神臂城。此时的神臂城和
合州钓鱼城，成了整个南宋王朝在四川地区的两个孤立据
点，也是南宋王朝在四川地区继续存在的象征。拔掉这两个
据点，就意味着元朝对整个四川地区及西南地区的完全征
服，意味着南宋王朝在四川地区的完全溃灭，从而更方便元
军腾出手来集中力量对付已到了苟延残喘、摇摇欲坠地步的
南宋政权。因此，神臂城必将承受更大的打击和牺牲。元军
水陆并进，旦只儿部自重庆溯江而上，于至元十四年
（1277 年）春进至神臂城外围，元军步步为营，稳扎稳打。
神臂城被完全围困，成为孤岛。至元十五年（1278 年）正
月，在强大凌厉的攻势下，元石抹不老军"攻神臂门，蚁
附以登"①，神臂城终被攻破。宋守城将士全部壮烈牺牲。

---

① 《元史》卷一五四《石抹按只传》。

二

回顾这段悲壮无比的往事，历史告诉了我们什么？一个政权尽管你貌似很强大，历史很悠久，文化底蕴很深，社会生产很先进，但是如果腐败贪婪之风一旦渗透进你的肌骨，那么在强敌面前，你就是弱者，就会变得不堪一击。

大敌当前，南宋统治集团并没有吸取北宋政权的教训而发愤图强，依然过着纸醉金迷的奢华生活，当政者不思收复中原失地，只求苟且偏安，对外屈膝投降，对内残酷迫害爱国人士；政治上腐败无能。达官显贵们一味纵情声色，寻欢作乐。"山外青山楼外楼，西湖歌舞几时休。暖风熏得游人醉，直把杭州作汴州。"① 宋理宗昏庸"怠于政事，权移奸臣"②，外戚贾似道置国家民族安危于不顾，终日招权纳贿，结党营私。在其带动下，"吏争纳赂求美职"，"一时贪风大起"③，尽管有泸州军民的顽强抵抗，全国抗元的义军四起，延缓了蒙元军队南下的步伐，但终究挽救不了大厦将倾的南宋腐朽朝廷。两千多年前的古希腊，作为强大征服者的雅典人在面对弱小的米洛斯人时如是说："正视现实吧，公正的基础是双方实力均衡，强者可以做他们能做的一切，而弱者只能忍受他们必须忍受的一切。"④ 中国历代王朝的末期都

---

① （宋）林升：《题临安邸》。
② 《宋史》卷四五《理宗纪》五。
③ 《宋史》卷四七四《贾似道传》。
④ 《伯罗奔尼撒战争史》。

是贪腐盛行，社会混乱，民变四起，最后在强敌面前土崩瓦解。南宋王朝自然摆脱不了这一历史的轨迹。

特别是在遭到贾似道的打击迫害，潼川路安抚副使兼知泸州刘整的降元，对整个宋元战场的军事格局产生了重大的变化。"整以北方人，扞西边有功，南方诸将皆出其下，吕文德忌之，所画策辄摈沮，有功辄掩而不白，以俞兴与整有隙，使之制置四川以图整。兴以军事召整，不行，遂诬构之，整遣使诉临安，又不得达。及向士璧、曹世雄二将见杀，整益危不自保，乃谋款附。"景定二年（1261年）六月，刘整"籍泸州十五郡、户三十万入附"。忽必烈授任他为夔府行省兼安抚使。至元四年（1267年），刘整入朝，向忽必烈献策，"进言：'宋主弱臣悖，立国一隅，今天启混一之机。臣愿效犬马劳，先攻襄阳，撤其扞蔽。'廷议沮之。整又曰'自古帝王，非四海一家，不为正统。圣朝有天下十七八，何置一隅不问，而自弃正统邪！'世祖曰：'朕意决矣。'"①

刘整投降蒙古对南宋是毁灭性的打击，在尔后宋元军事对垒的重要战场上不断出现他的身影。他不但提出了先取襄阳的战略构想，还为蒙古组建训练了一支强大的水军，使南宋的水军优势荡然无存。民族英雄、南宋末代丞相文天祥被俘后曾愤慨地大骂："亡宋贼臣，整罪居首。"②王曾瑜先生在《宋朝兵制初探》中也说"宋元后期战争的关键决策人

① 《元史》卷一六一《刘整传》。
② （明）张溥：《读元史纪事本末记事》。

物并非丞相伯颜，而是降将刘整。正是刘整使得元朝作出了重大的战略调整……偏安江南，维持了一百四十多年的南宋王朝也终因元朝的战略转变而灭亡"。至元十六年（1279年）春正月，神臂城再次陷落十一个月后，在元军穷追不舍的追逼下，南宋王朝最后一个小皇帝赵昺与其臣僚家属于广东崖山全部投海自尽，南宋终。

神臂城扼守长江天险

当在面对强敌，家园将毁的情况下，泸州军民却没有退缩，而是给予敌人迎头痛击。刘整投降蒙军后的1261年八月，四川安抚置制史俞兴奉命讨叛，他用水军和陆军将神臂城团团围住。刘整一出城，即遭痛击，赶紧向蒙军求援，他利用地道暗向城外输送兵力。在刘整部队与赶来增援的蒙军部队双面夹击下，宋军腹背受敌，战况急转直下。俞兴夺得一小舟突出重围，南宋军全部溃散，十之八九被滔滔江水淹死，史书载"流尸蔽江而下"，余下的惨遭蒙军屠杀。据说"万人坟"便是当年埋葬的不幸殉难的南宋军将士。

1277 年春，元军再次攻打神臂城。元军采取步步为营战法，稳扎稳打，逐一拔掉宋军各陆路要塞据点，并牢牢控制住江面，神臂城守军被完全困在了城里。到年底，神臂城内已"食尽，人相食"。① 但守军拒绝投降，坚持战斗。元军采取了消耗战，小股多批次地向宋守军发起进攻，使得宋军不得休息，疲于应付。此时神臂城每个守城将士都清楚，他们现在是既无粮食可食，又无援军可盼，神臂城将是他们生命的终结之地，他们没有退路，只能坚持用自己虚弱的身躯和敌军战斗到底，拼尽最后的一口力气。元至元十五年、宋祥兴元年（1278 年）正月，神臂城被元军死死围困十一个月后，元军终于攻入城内。"泸坚守不下，秃满答儿夜率兵，攻夺水城以进，黎明，先登，入泸城"②，神臂城宋军守城将士与元军展开了激烈巷战，宋将刘雄及安抚使王世昌被俘惨遭杀害③。最后，守城将士全部战死，无一人投降，也无一人出逃。元军"杀虏殆尽"④。

这就是一种用生命捍卫家园、宁死不屈的爱国主义精神。众志成城，屏障川东，保家卫国，使南宋王朝免于速亡，民间因此才有"天生的重庆，铁打的泸州"之说。

---

① 《宋史》卷四五一《张珏传》。
② 《元史》卷一四九《秃满答儿传》。
③ 《元史》卷一五二《刘思敬传》。
④ 《元史》卷一三二《步鲁合答传》。

三

我们研究神臂城，它的现实意义是什么？是当年泸州军民奋勇抗敌、不畏强敌的精神。神臂城在这场战争中能坚持抗战长达三十五年，五次易手，泸州军民以弱御强，不怕牺牲，不惧困难，前赴后继，视死不屈的精神，令人荡气回肠、可歌可泣。那些用鲜血和生命捍卫家园的先辈们，他们用自己的行动诠释了中华民族不屈的精魂。这也正是我们今天为实现中华民族伟大复兴的"中国梦""强国梦"所必须具备的。

实现中国梦必须弘扬中国精神，这就是以爱国主义为核心的民族精神和以改革创新为核心的时代精神。鲁迅先生说过，"惟有民魂是值得宝贵的，惟有他发扬起来，中国才有进步"①。华夏文明生生不息，中国精神薪火相传。爱国主义始终是把中华民族坚强团结在一起的精神力量，是凝心聚力的兴国之魂、强国之魂。

习近平指出，对中国人民和中华民族的优秀文化和光荣历史，要加大正面宣传力度，通过学校教育、理论研究、历史研究、影视作品、文学作品等多种方式，加强爱国主义、集体主义、社会主义教育，引导我国人民树立和坚持正确的历史观、民族观、国家观、文化观，增强做中国人的骨气和底气。

---

① 《华盖集续编·学界三魂》。

泸州城、神臂城遗址

"不忘本来才能开辟未来，善于继承才能更好创新。"

中华传统文化是我们民族的"根"和"魂"，如果抛弃传统、丢掉根本，就等于割断了自己的精神命脉。要努力展示中华文化独特魅力。在五千多年文明发展进程中，中华民族创造了博大精深的灿烂文化，要使中华民族最基本的文化基因与当代文化相适应、与现代社会相协调，以人们喜闻乐见、具有广泛参与性的方式推广开来，把跨越时空、超越国度、富有永恒魅力、具有当代价值的文化精神弘扬起来，把继承传统优秀文化又弘扬时代精神、立足本国又面向世界的当代中国文化创新成果传播出去。要系统梳理传统文化资源，让收藏在禁宫里的文物、陈列在广阔大地上的遗产、书写在古籍里的文字都活起来。①

---

① 《习近平总书记系列重要讲话读本》，学习出版社、人民出版社 2014 年版，第 100—101 页。

今天，神臂城古战场遗址犹在，我们仍能清楚看到尚存的古城墙、古城门、炮台、秘密孔道、耳城、护城池及无数当年军事及生活设施等战争遗迹，这是"天生的重庆，铁打的泸州"精神最好的实物见证。我们必须要很好地保护这些珍贵的文物遗存，进一步深入发掘其历史文化内涵。同时，加大对遗址的宣传和大无畏的爱国主义精神的弘扬力度，尤其是利用好神臂城遗址对青少年进行爱国主义的教育，让泸州精神能代代传承下去。

这是一段保护较好的古城台

欣喜得知，早在 1997 年，神臂城就被合江县关心青少年工作委员会列为爱国主义教育基地；泸州市博物馆也在积极主导整个古城的修复和保护，并于 2002 年至 2005 年投入资金二百多万元，完成了第一期的遗址修复工作，其中包括

240 米大梯步和 800 多米古城墙的建设，并对外开放。2007 年被省政府列为四川省重点文物保护单位。2008 年北京奥运会时，古城遗址还进入中央电视台面向世界展播中国历史文化遗产之列，入选《国家历史文化名城——泸州》。从 2009 年起泸州与四川省文物局就在为神臂城申报国家重点文物保护单位而积极地努力。2013 年国务院核定公布了第七批全国重点文物保护单位 1943 处，神臂城遗址与其他泸州文物遗址共有 11 处一起获批。2015 年年初，国家文物局又正式批准了合江神臂城遗址保护规划编制的立项，这是合江县继尧坝镇古建筑群之后，第二个获得国家文物局批准立项的全国重点文保单位保护规划项目。

保护文物就是保护历史、尊重历史，在保护的同时要让文物尽量能活起来，合理地开发利用也正是对文物的最好保护。希望泸州能做得更好！

2015 年 5 月于北京

武胜宋（蒙）元山城遗址的保护和利用[*]

以前因研究的重心没在这一方面，可以说对武胜不了解。来之前，把武胜的基本情况恶补了一下，了解到武胜的基本情况：位于川东渝北，历史悠久，文化繁荣，山川秀美，先后荣获"全国文物工作先进县"等全国性奖牌或称号 10 余项，现有文物保护单位 51 处、文物点 1018 处。其中：有全国重点文物保护单位宝箴塞，四川省文物保护单位等 14 处，市、县两级文物保护单位 36 处。

近年来，在四川省文物局和四川省文物考古研究院的支持下，又把文物保护工作纳入经济社会发展规划，设立武胜宋（蒙）元山城遗址暨宝箴塞申报世界文化遗产领导小组办公室，并从 2017 年起，每年投入大量专项资金用于文物保护、维修和开发利用，对宝箴塞民众防御建筑群和武胜宋（蒙）元山城遗址进行了考古调查，对苏家坝等遗址进行了

* 这是 2021 年 7 月 16 日在武胜举行的 "《蒙元时期武胜山城历史文化价值研究》首届学术研讨会" 上的发言提纲。

考古发掘，重点打造宝篯塞国家4A级旅游景区，成功举办中国文化遗产活化利用与可持续发展论坛——宝篯塞峰会，发起成立中国塞堡联盟。为了开好这次会议，拿出了大量的资料，应该说很努力，也很辛苦，是有成绩的。

武胜宋（蒙）元山城遗存

不少学者提出了很多很好的意见和建议，因时间关系我就不去细说了，针对项目申遗问题谈点个人建议：

一、关于申遗的基本条件和要求

介绍申遗的有关条件、规定和标准。（从略）

二、我们需要思考的几个问题：（即软硬件）

1. 武胜宋（蒙）元山城的历史资料的发掘是否还有没看到的？山城的现状包括地下遗存，我们全部摸清楚没有？

还有无多少空间？现存遗址中还有多少问题需要通过考古发掘来解决的？能否拿出准确的原址、原貌图和实际遗存图，要有准确翔实的考古发掘报告。家底要清楚，工作要细化，要精，要一件一件做好，做踏实。我抽空去看了永寿寺，武胜的十景之一。古迹名胜恢复是好事，但好事要办好，工作要精致。

2. 武胜宋（蒙）元山城的历史地位和作用。它与钓鱼城是攻与守的关系，应是一个整体，宋（蒙）元战场上山城攻防体系的对立面。申遗两个必须捆绑在一起，才能体现出它们在古代军事史上的重大意义与现实意义，但这需要有一批高水平的学术研究成果来支撑，才能有影响力。这需要元史学界来好好地推动一下，陈世松老师已提出了 13 个具体的研究课题和 7 个重点，非常好。我们的眼界要放开，要引领广大的学者开展更多更深入的研究。

3. "武胜" "定远" 名称的由来及宋（蒙）元山城对后世的影响，它在今天的历史价值和现实价值是什么。从地名学的角度来研究申报非物质文化遗产也是一个思路。

4. 武胜宋（蒙）元山城的保护开发和利用。在不破坏原貌的基础上做一些环境条件的改善，做到有实物，能看，才能在社会上产生广泛的影响力。根据《世界文化遗产申报工作规程（试行）》第一章第二条，仅纳入市的文物保护还不够，最少应是省级文保单位，如能升为全国文保或作为钓鱼城的一个组成部分申遗可能会希望更大些。

5. 值得注意的一个人口现象。在网络上搜索，武胜地区是一个多民族聚居地，也是嘉陵江流域第二大回族聚居地，以汉族为主，还有回族、白族、苗族、土家族、藏族等20余个民族，在少数民族中以回族为主，其他民族人口很少。这与蒙元军的"武胜军"有无关系？驻守武胜城的蒙古元帅汪良臣、汪惟正曾先后主持四川军政事务，汪氏家族的老家是巩昌府所辖临洮县（今甘肃省定西市临洮县），曾设武胜军，武胜城、武胜军的得名由此而来。临洮自古以来都是多民族争战、融合的地区。唐太宗时，临洮迭受羌族、吐谷浑、吐蕃的骚扰。玄宗时，哥舒翰兼河西节度使，攻破吐蕃，收黄河九曲，一度安定洮河流域。唐代宗宝应元年（762年），吐蕃又陷临洮。五代十国时期，属吐蕃，称武胜军地。直至宋神宗熙宁元年（1068年），王韶大破吐蕃。熙宁五年（1072年），又击破木征，临洮复归宋辖，改武胜军为镇洮军，后升镇洮军为熙州，建置熙河路，治所设熙州。金、元、明、清均置临洮府，府治狄道。是否可以推断，四川武胜的现住民中的回族人口其祖先有很大一部分是当年蒙元大军的"武胜军"后裔？

6. 清末古寨"宝箴塞"。始建于1911年清宣统三年秋，占地26000多平方米，系当地豪门段氏家族为避战乱而修建的集军事防御、生活起居于一身的全封闭式川东民居建筑群。山寨依山而建，闽南围城建筑风格，有江南民居特色。"宝箴塞"已是全国重点文物保护单位，与武胜宋（蒙）元山城有无影响？为什么这一地区有那么多的山寨？

7. 元上都遗址。内蒙正蓝旗在申遗这方面可以说是我们的榜样，我去过几次，影响深刻，在遗址的发掘、保护、宣传、利用方面，他们有很多很好的经验，值得学习、借鉴。

总之，武胜宋（蒙）元山城的申遗项目是非常有意义的。武胜城是蒙古军沿嘉陵江修建的十多座山城中地位最高、作用最大、军事功能最完备，是进攻、牵制以钓鱼城为首的南宋东川军事山城的主阵地，其历史文化价值是很大的。武胜城设有外堡，是蒙军山城的唯一案例；元朝统一中国后，武胜城是元军山城转变为州县治所的唯一案例；武胜城与毋章德城夹江而建，也是宋（蒙）元时期军事山城的唯一案例。

但是申遗不能心急，不可能一蹴而就。要有计划、有步骤、抓重点，一步一步地去做，特别是基础工作做扎实，我想我们的目标还是有希望的。特别是有重庆钓鱼城的支持。当然，武胜城遗址申遗工作面临不少挑战。世界遗产委员会规定，2018 年起由每年每个缔约国最多申报 1 项遗产。目前，《中国世界文化预备名单》共有 45 项，竞争异常激烈。今年泉州：宋元中国的海洋商贸中心项目有可能入选。申遗工作是一项庞大、复杂、系统的社会工程，统筹协调难度大，工作周期长，需要耗费大量的人力、物力、财力。尤其是武胜的地下考古发掘，还存在很多的不确定性，第一手资料的掌握；历史资料的整理、去芜取精；文博、文物的保护和利用；项目的整体规划、实施的步骤；等等。

二〇二一年七月十六日

史学研究领域的新硕果

——简评《元朝史》

由我国已故著名元史学家韩儒林先生主持编写的《元朝史》上、下册，最近已由人民出版社出版。这是我国第一部系统地运用马克思主义的历史观全面研究元代历史的学术专著，是史学研究领域的新硕果，荣获 1987 年首届"中国图书奖"，排名第一。

中国的旧史学，一直视蒙古入主中原为"异民族统治"，认为忽必烈建立起来的元王朝是一个"黑暗的统治时代"。新中国成立后，这种狭隘的偏见理所当然地得到纠正，但它在一些史学著作中还不时有所表现。如只强调元统一过程中的破坏性和蒙古社会制度的落后性，认为整个汉族在元朝 89 年的统治下，遭受严重的迫害，而对元代社会经济文化发展这一客观事实则往往忽视。对此，作者不是简单地予以批评，而是以大量的第一手史料，用确凿的事实来使人们祛除民族上的偏见。作者认为，仅仅根据一些史料，不加分析，以偏概全，尽量夸张元朝的黑暗面，那显然不是科学的态度。元朝的统一，结束了 500 多年的民族纷争和血战，使全国各族人民有可能在比较安定的环境中从事生产、发展物质文明和精神文明，这无论如何是历史的进步。此外，元朝的统一对中国各民族的相互融合和加强联系有着十分积极的意义。元取代宋是历史的进步，而不是历史的倒退，至于元代的各种弊病，大部分在其他朝代也有。对民族英雄文天祥的抗元活动，也要根据当时的历史条件作具体的分析。另外，在中国这个多民族国家漫长的历史发展过程中，元朝是一个十分重要的阶段，而且在不少方面有它自己独特的贡献。

蒙元史研究实际上是一门世界性的学问。长期以来，由于蒙元史的原始资料十分分散，涉及面广，除汉文外，尚有蒙、藏、波斯、阿拉伯等十数种古民族语及外国语，使许多研究者望而却步。因此，蒙元史在我国的研究一直进展缓慢，不少问题缺乏深入的研究。韩儒林先生早年留学欧洲，受教于法国著名东方学者伯希和。在欧洲期间，他先后学习和掌握了拉丁文、波斯文和蒙、藏、突厥的文字。《元朝史》几位主要撰稿人均对蒙元史研究有年，卓有成绩。该书除采用大量的汉文史籍外，还直接利用了丰富的域外史料进行直接比勘，并应用历史语言学的方法探讨译名还原和物名制度的渊源，解通了许多蒙元史上混沌不清的问题，这是以往出版的元史著作所没有过的，从而使我国元史研究的途径为之一变。

《元朝史》文笔流畅、内容丰富、史料翔实，特别对元朝早期的历史，论述精湛。如关于蒙古的答剌罕制度，作者

搜集史料的范围上及柔然突厥，下迄明清蒙古，旁及钦察、
伊利汗国，所得资料达数十则，经过详加考订、分析，最后
弄清了这一称号的意义及其演变，显示了作者治学的严谨及
研究基础的扎实。近十年来，元史研究呈现出一个繁荣兴盛
的新局面，开拓了一些新的领域和新的研究途径。作者不是
囿于自己研究领域的小圈子，而是开阔眼界，博采众长，广
为吸收各家所取得的研究成果，并有所提高。对国外学者的
研究成果，作者也给予了高度重视。在某种意义上，《元朝史》
已不是一部仅仅反映作者自己研究成果的专著，而是融会贯通
了我国元史学界 30 多年来所取得的成就。因此可以说，《元朝
史》既是一部高水准的断代史学术专著，又是新中国成立以来
我国元史学界与点校本《元史》并列的最重要、最具代表性的
学术成果，为同类著作的撰写提供了有益的启示。

原载《红旗》，1987 年第 22 期。

我与《元史三论》[*]

杨志玖先生离开我们已十三年了，回首往事依然历历在目。我是 1972 年到南开大学历史系学习，成为先生的学生，1975 年毕业后回到人民出版社工作，因业务和工作上的关系我们依然保持着密切的联系，前后长达三十年。先生长期从事历史的教学和研究，硕果累累，但最重要也是影响最大的学术成果当属他的论文集《元史三论》。今天我们纪念先生，回首往事，我当时身为人民出版社的一个责任编辑，能为先生的文集出版做点具体的工作感到莫大的荣幸。

那还是 20 世纪 70 年代末，粉碎了"四人帮""文化大革命"刚刚结束不久，人民出版社这时也是百废待举，开始抓学术著作的出版，我从原政治编辑室也归口到了历史编辑室。我们室里首先想到了一批现代史学大家，如郭沫若、侯外庐、尚钺、尹达、吴晗、刘大年、周谷城、李平

---
　　* 这是在天津南开大学举办的"纪念杨志玖先生诞辰 100 周年隋唐宋元时期的中国与世界国际学术研讨会"上的发言。

　　心、韩儒林、谭其骧先生等，开始主动地与他们联系，出版
他们的学术成果和编选他们的史学文集。有的老先生不在了
就和其有关单位联系，请他们代为进行整理选编，如我担任
责编的《李平心史论集》，是请当时的华东师范大学历史系
帮助辑选后出版的，《吴晗史学论著选集》是请当时的北京
市历史学会帮助辑选后出版的。杨先生的论文集也是在这样
的大背景下，开始与之联系的。

　　先生是个非常谦虚谨慎的人，也是个非常低调的人。刚
开始联系，被先生很客气地婉言谢绝了，认为自己的东西不

多，"分量太少，不像本书"，几次联系"一直觉得不行"。直到 1979 年 2 月我们的老大姐吕异芳同志再次与先生联系，并请刘泽华先生带话转达出版社的诚意。2 月 8 日，先生回信说："我同意你的意见，出元史论文，当初主要考虑，分量太少，不像本书。但若用较大字本排印（如任继愈的汉唐佛教史论稿）能凑上二百多页也就差不多了。过去老刘同志劝我出文集，我一直觉得不行，但从去年日本神户学术访华团来津后，我才发觉，为了国际学术文化交流，还是有一本好。而我过去的几篇，也比较适合要求。尤其关于马可·波罗的一篇，在国内流传不多，在国际尚有一定影响（76 年 Harvord Joarndl of Bsiutie Stuohis. 36 卷. 哈佛大学 Cleaves 教授的：A Chinese Source Bearing on Marco polo's Departure from China and a Persian Source on His Arrival in Persia 中大部根据我这篇）。'元代探马赤军'一篇并较日本蒙古史学者有所创见。只有关于成吉思汗的两篇和元代社会经济的破坏一篇较弱，前两篇可以合并，后一篇可以取消（若无暇修改的话）。这几篇我手头都有（除'海瑞'和'破坏'二文），但因只有一份，有的需加工，这个工作量还不小。尤其'元代回回考'一篇，需要重新抄和大动。我想，全力以赴连抄带改，也得半年时间。目前我想写篇'唐代藩镇割据和"儒家路线"'的文章，估计一个月内写完，此后如无他事，即可进行加工，但下半年要开隋唐史专题，可能又要受干扰。你们如想事先审查，也可先将要看的送来。"这封信，一是正式答应了出版社的约稿，二是他对自己学术成果的一个全面认识，三是可以看出他的学术研究和教学是十分的繁忙。

由于我是从南开毕业的，又是杨先生的弟子，这个选题领导安排由我负责与先生直接保持联系。由于先生的教学与研究任务繁重，加上当时的交通工具落后，通信方式也原始，没有高铁，没有手机，出版社的编辑想打个长途电话，那是件很奢侈的事，还需要事先申请、登记，内容要记录在案，所以与作者联系主要靠来往的信件。经过反复沟通，1981 年 7 月 6 日杨先生的论文集选题在我社获得社里领导的批准。是年 8 月下旬，在新疆召开的蒙古史学会年会暨学术研讨会上，我和先生见了面谈及文集的编选及对出版时间安排的想法。回京后不久，我又给先生去了封信，想能落实具体的交稿时间，谁知先生回津后即因旅途劳累病倒了，先是高烧，其后继之丹毒，连打八天青、链霉素，虽基本痊愈，但并未断根，他自己在给我的信中也说："以后对出差要特别谨慎了。""我这学期有课，又有研究生事，时间很紧，元史论文计划推到八二年较妥，这样可在明年好好准备，后年交稿。但也以没有其他事务干扰为前提。现在有时身不由己，有些计划被打乱。"

20 世纪 80 年代初，个人还没有计算机，所有的文字稿件都要靠自己一个字一个字地去抄写，非常辛苦。1983 年 2 月 5 日先生在来信中说道："最近我开始整理旧稿，对解放前的，已经基本抄完，在抄写过程中同时修订错误，解放后的一篇'关于元朝经济的破坏'一文，因无原刊（是史学月刊）复制后不清楚，也打算重抄。'元代的探马赤军'是繁体字，是否需要重抄，改简体字？请来信说明。按现在情况，若无意外情况发生，三月份可以全部交稿，其中还要改一篇，新作一篇和作一篇代序（文史哲杂志要我谈治学经验，我拟写此篇应之）。对于不需要抄的稿子，我打算剪贴。其中只有'关于成吉斯汗的历史地位'只有一份，预备复制，其他都有两份可用。""这几年一直教你们等待，甚觉抱歉，但近一二年我的研究主要集中在元史方面，没有近年的成果，照我原来的那几篇，也不成样子。现在我下决心，争取于最近交稿，这件事完了，还有中国历史辞典的任务。隋唐史分册计划在年底交稿，我担任写作的部分还没动手，还要对全书进行审稿，所以我争取把这一论稿结束，以便无牵挂地进行下一阶段的战役。"这简直就是在打仗，先生如同一个勇往直前的战士，不知疲倦地一个堡垒一个堡垒地去攻克。他要把"文革"十年耽误的时间抢回来，"努力钻研，多出成果，以补偿白白浪费掉的时光"。作为晚辈，我看到来信感到是既敬佩，又心痛。近七十岁的老人了，身体又那么不好，还那么敬业、勤奋，那么认真地去做好每一件事。我深受感动，但无奈又帮不上他的什么忙。

到 1983 年 4 月底，经过两年多的努力誊写、修改和补充，书稿基本结齐，计文章二十六篇约二十万字。集子开篇是以《文史哲》杂志准备刊发的《我怎样学元史》一篇为代序，文稿共分三大部分：

第一部分是早期蒙古史的研究，共有六篇，重点是探马赤军的研究，他陆续发表的三篇文章纠正了日本学者箭内亘的错误见解，并就探马赤的组成及其身份、地位等问题作了深入的探讨，引起中外学者的注意。《辽金的挞马与元代的探马赤》从语音和语源上探究了挞马与探马赤的关系，认为从对音上讲，两者是可通的，但从职掌上说，两者却很不相同，仅凭孤词单证就下结论定案，似乎为时尚早。《定宗征八都》一文则就《元史》无记载的这一蒙古史上一大事作了论证，并对岑仲勉先生的观点作了榷商。《关于成吉思汗的历史地位》是就成吉思汗对蒙古民族、中国以及对西域三方面的影响作的探讨。

第二部分是元代历史研究，共有六篇文章，主要是马可·波罗的研究。先生在 1941 年《文史杂志》上发表的《关于马可·波罗离华的一段汉文记载》，通过对《永乐大典》中《站赤》部分材料，证实了马可·波罗确实到过中国；并断定马可·波罗离华的时间应是在 1291 年初，引起了中外学者的重视。先生还就马可·波罗在中国的几个问题作了探讨，认为：一、马可·波罗不懂汉语；二、在扬州做官一案尚难断清，但曾做扬州总管一说是没有什么根据的；三、发郎国人不可能是马可·波罗的父亲和叔父。《关于元朝统治下"经济的破坏"问题》一文，先生指出：蒙古在征服金朝和南宋以前，过的是游牧生活；他们的文化程度也远远落后于被征服的人民，这一基本事实，就是使被征服的地区社会经济遭受破坏的根源。但是这并不是终元一代，遍及全国、始终不变的。而且还应该承认，虽然经济遭受到一定程度的破坏，但并不是没有发展。

第三部分是元代回族史即元代的回回人研究。共有文章十三篇。先生探索了"回回"一词的起源和演变，回汉通婚问题，汉法与回回法、回回人的政治地位等以及一些著名回回人物的生平、年代历史诸问题。先生认为元世祖时期汉人与回回人的政治斗争及其原因，是两种不同的文化背景所致。考证了《新元史》把札八儿火者、阿里鲜、阿剌浅、阿三四人合而为一的错误。《海瑞是否回族》一文则解决了长期以来悬而未决的问题。

对于书名，先生开始"拟用《蒙元回史论稿》，即关于蒙古史（成吉思汗等）、元史和回族史三方面的文章，当然这三者有密切联系，但各有侧重，这样标题似有特点，也符合内容。若曰'元史论文集'则似太平淡了，而且别人的元史论文都可以叫此名"。"有些叫××集的，我以为太斯文古雅了，而且很难反映内容。"

在书稿的审读过程中，我认为书名中的"蒙元"一词在书名中无法标点，又很容易让人把"蒙元"同"满清"一词联系起来。我原想从所辑文章中选一篇名用作书名（这种情况也常有），但似乎都不太合适，只好再次与先生商量。受佛教"三论宗"一词的启发，因研习《中论》《十二门论》《百论》三部佛教中的经典而得名，先生认为自己的书稿正好也是讲了元史中的三个重点问题，用"三论"一词作书名正好符合书的内容，而且有典可查，故决定书名定为《元史三论》。对"代序"，我建议先生另写一个千字以内的短序。序的内容应是对集子的编选意图、情况、内容向读者作一简略的介绍。而来稿中的代序《我怎样学元史》一文很有意义，可以当作"结语"放到集子的最后。书稿中还有些人名译名的统一问题，文章的编排顺序，资料引文格式的规范，及错字文句，我都按编辑的要求作了必要的处理。

1985 年底，《元史三论》终于同广大读者见面了，这是先生从事元史学术研究五十年成果的结晶，它的出版发行，受到海内外学界同行们的高度关注。受先生的影响，我成为一个蒙古史、元史研究的爱好者，并参加了第一届中国蒙古史学会、第一届中国元史研究会的成立大会，开始迈进这个学术圈子，还陆续写了点文章。20 世纪 80 年代人民出版社出版了一批有关蒙古史和元史方面的著作，如韩儒林先生主编的《元朝史》、南京大学元史研究室编选的《元史论集》、蔡美彪先生主编的《中国通史》第七卷（元代部分），林幹先生的《匈奴史》等也都出自我手。

先生一生勤于治学。他脚踏实地，从基本史料入手，从实际出发，不图虚名，他甘当铺路石、螺丝钉、竹头木屑，他不在乎题目的大小，只要抓住一个问题，就一定要深究细研到底。他认为只要是解决了问题就能分享到胜利的喜悦。"元史范围广阔，课题多样，每个人尽可以根据自己的条件，选择自己能够解决的问题，只要不是安于现状，抱残守缺，而是力求创新，那么，集中每个人的点滴成就我们的总水平也就可以提高了。"我认为先生虽然离我们远去了，但他的这种治学的态度值得我们每一个人去学习，这种治学的精神永远值得去发扬。

2015 年 10 月 8 日于京

原载《杨志玖教授百年诞辰纪念文集》，天津古籍出版社 2017 年 4 月第一版。

回忆蔡美彪先生

　　我和蔡美彪先生认识已四十多年了，中国社会科学院近代史研究所与蔡先生住的东总布胡同 19 号院我是常客，但新冠疫情暴发后我就没能再去探望先生。我知道蔡先生近年来身体不好，本想等疫情缓和后再去，等到的却是志远兄的电话，告知蔡先生离我们去了，值逢疫情严重期间，还无法前往相送。想到蔡先生晚年只身一人，临终走的还这么不是时候，感到无比的哀痛与无奈。好在身边还有志远兄和晓萌老弟两位在，心里略有宽慰。我在电话里请志远兄代为送别，并希望能以个人的名义敬献个花圈，以表哀悼。

　　今天在天津举办追思会，和大家在一起回忆与先生的几件往事。

一

　　我和蔡先生的结识还是在 20 世纪的 70 年代末。因为我在南开大学就读的是历史系，侧重的是中国史，到出版社后先分在政治编辑室，跟着老编辑们组织编辑了一批时政类的图书，另外也接触编辑了一些涉及党史、军事史类的图书，还发挥所长，根据社资料室所藏的图书资料，拉出了一个拟可考虑出版的党史人物选题计划目录，得到老编辑和有关领导的肯定。此时这一领域还属禁区，没有放开。但总感觉还是和以前自己所学有点距离。1977 年底适逢社里各部门调整，虽然编辑室主任找我谈话，希望我能够留下来，但我还是决定专业对口去了历史编辑室。

历史编辑室里有一位老大姐吕异芳同志，南开大学毕业后就来到人民出版社工作，为人很热情，见我是从南开来的，校友之情油然而起，主动将与南开有关的书稿交与我来协助她与作者联系，如历史系刘泽华等编的《中国古代史》，杨志玖先生的论文集等等。吕异芳与蔡美彪先生及夫人胡文彦都是南开校友，往来非常好，蔡先生接手范老的《中国通史》修订本编写任务后，编辑出版工作就是吕异芳来承担的。我过来时，第五册（宋朝史）已接近出版，第六册（辽金的政治、经济、军事等）也已发稿。第七册因刚组织人员编写，书稿的责编任务就转交予我。由此开始了我与蔡先生的几十年交往。

因为中国社科院近代史所离我们人民出版社比较近，一个是在王府井大街的东厂胡同，一个是朝阳门内大街，两个单位相距也就 1.5 千米，根本不用坐车，找个自行车随时就可以骑过去，即使是走路也没有多长时间。蔡先生一心扑在学术研究上，每天都在所里很晚才走，后来夫人胡文彦去世后更是把所当成了家。他退休不退业，八十多岁依然每天前往办公室上班，笔耕不辍，所以找蔡先生是最好找的，去之前先打个电话告之一下，先生总是很高兴，很客气地说"欢迎、欢迎"，没有因为我是一个刚出茅庐的年轻人而拒之门外。和先生熟悉以后有时我有急事甚至事先不打招呼，直接就上楼穿过志远兄与刘晓萌的办公室敲里间先生的门。

为蔡美彪先生在自家门口留影纪念（2015 年）

蔡先生一生与史结缘。19 岁就用文言发表极具学识的论文《辽史王鼎篆正误》，赢得了"治史天才"的美誉；1950 年在香港《学原》发表时，当时自己都不知道，直到1985 年一位来访的美国学者提起，才大白于内地学界。蔡先生在辽金蒙元史和八思巴字的研究上卓有建树，1949 年毕业于南开大学历史系，当年考入北京大学研究生部，在导师邵循正先生指导下研究史学。曾在罗常培先生领导的文科研究所做助教。中国科学院成立后，1952 年转到语言研究所。1953 年调入近代史所，协助史学大家范文澜先生编写《修订本中国通史简编》并进行学术研究工作。

　　范文澜《中国通史简编》原著成书于 1941—1943 年。1940 年 1 月，中共中央宣传部在延安要求范老编写一本十几万字的中国通史，为某些干部补习文化之用，在资料少，时间短，条件差的情况下，范老只用一年多点就完成了，四册约六十万字。这是我国历史上第一部运用马克思主义的观点，科学地、系统地阐述中国历史的著作，一经问世，立刻受到广大读者的热烈欢迎，很多人将其作为学习祖国历史的启蒙读本，这对当时反对日本帝国主义的侵略，激发人民大众的爱国主义热忱，坚持抗战，起到了积极的作用。全国解放后，条件好了，范老计划重新修订扩充为《修订本中国通史简编》。经过努力，1953 年第一编完成，由人民出版社出版。1957 年第二编出版。由于劳累，1959 年 10 月范老大病一场，后虽出院，但并没痊愈。1964 年重又住院，但他依然不忘简编的写作。1965 年第三编的一、二册在卞孝萱、蔡美彪两位助手的协助下出版。"文革"期间，范老身体已相当衰弱，1969 年 7 月 29 日范老夙愿未了，与世长辞。临终嘱托蔡先生组织通史组同人合作，把此书写完，"完成比不完成要好些"，正是这句话，使蔡先生深受感动，增添了续编《修订本中国通史简编》的勇气和信心。

　　范老逝世后，蔡先生毅然肩负起这项未竟事业，带领中国通史组对已出版的前三编四册进行校订，重新编制了插图、地图、年表，增订了地名注释和注音，考虑到范著的前四册已不是延安版的修订，后续各册更不宜称为"修订本"，故将范著的前四册改名《中国通史》，分一、二、三、四册交由人民出版社再版，蔡美彪先生主持新编写了后续的第五至第十册。1993年十册版《中国通史》出齐后，蔡先生觉得应该补写从道光继位至宣统退位（即1820—1911年）这一部分，以清朝及其封建帝制的灭亡作结束，遂联合其他学者编写《中国通史》第十一、十二册。全书气势恢宏，从远古先秦一直叙述到近代清朝覆亡，它通过记叙各个历史时期的历史事实与历史人物，阐明中国社会发展的基本规律。蔡先生秉承范文澜先生的观点，认为"一本好的通史，第一要直通，第二要旁通，最后要会通"。按照范文澜先生的解释，直通，就是要精确地具体地划分出中国社会发展的各个阶段；旁通，就是社会中各个现象不是孤立的，它们互相有机联系着，互相依赖着，互相制约着；会通，就是两个方面的综合。蔡先生说："如果没有水乳交融的会通，就算不得具有时代气息的完备通史。"通史"就是普通人写的通俗的历史书"。出语平易，其实艰辛。

《中国通史》十二册本是蔡先生的毕生倾力之作，虽有范文澜先生开初创之力，但后续更加艰难，因为参加写作的人比较多，写作的思路既要有总体的考虑，能和范老前四册的通史相衔接，又得照顾后面每个撰写者的个人学术特点。作为主编非常的不容易，我接触过很多集体写作的班子，内部都是矛盾重重，互相之间瞧不起。可能是知识分子的通病，善于个体操作，单兵作战，人人都是一条龙，单人项目完成都很快，集体项目却迟迟难以启动，或启动了却窝着工，有的甚至被拖黄了。而蔡先生把握得非常好，通史组内部很团结。蔡先生有很强的组织力、凝聚力，他尊重大家，尊重每一个人的学术研究，不以自己的学术地位来强迫别人

《中国通史》十二册本

听自己的。他认为在学术上大家都是平等的，无论是谁，只要是言之有理、言之有道，有据可依的，就可以体现在书稿中，但要有全局观念。他也没有完全按照范老对唐以后中国历史的观点进行阐述，而是本着合理、全局、科学的精神，勇于在一些重大的学术议题上提出自己的见解。他说"马克思主义不能成为僵固的教条，而需要不断地汲取社会科学以及自然科学的新成果，以求得生动活泼的发展"。后续每一册的书稿，虽是集体编写，实际上是参与写作的人先拿出创稿，然后蔡先生在此基础上再重新按全书的要求来重写，"非此，如各写各的，那就不成一本书了"。如十册本的第七、第九册出版后，后续两册初稿质量太差，作者又坚持己见不情愿配合，书稿几乎无法继续往前进行，停顿了约三年。最后在出版社的从中协调下，蔡先生又费了好大的劲去修改，直至满意为止。另外是 1978 年出版的第五册，因成稿较早，受"文化大革命"的影响较深，书稿多次的反复修改，第一版出来后，1993 年又有修订，是耗费先生精力最多的一册，他几次和我说宋明理学，法家儒家，变法与保守，农民起义，但该坚持的还得坚持，要尊重历史，实事求是。

二

关于《范文澜与〈中国通史简编〉简介》一文的撰写。1987 年河南大学的朱绍侯先生主编一套高等学校文科教学参考书《中国古代史研究入门》，按设想为了使这本书真正能起到指导研究中国古代史入门的作用，准备里面的每篇文章都请专家、学者，至少是对某个问题有专门研究的同志撰写。其中选择介绍的有：吕振羽《简明中国通史》、范文澜《中国通史简编》、翦伯赞《中国史纲要》、郭沫若《中国史稿》、白寿彝《中国通史纲要》、周谷城《中国通史》、尚钺《中国历史纲要》、邓之诚《中华两千年史》、钱穆《国史大纲》、夏曾佑《中国古代史》等十部解放前后出版的中国古代史和中国通史名著的"简介篇"，其中"范文澜与《中国通史简编》"就想邀约蔡先生来写。这个题目邀蔡先生来写当然没有一点问题，蔡先生做过范老多年助手，又是当代史学大师、中国社会科学院近代史所研究员、中国社会科学院学部委员，现在正在续编《中国通史》，应是最佳的人选。

但蔡先生却打电话约我到所里跟我说这篇文章想让我来写。虽然我在人民出版社担任史学编辑多年，又常往通史组跑，对《中国通史》书稿的编写情况知晓一些，但对范文澜老先生的详细情况知之甚少，我知道这是蔡先生给我一次写作锻炼的机会，是师长对年轻晚辈的培养与爱护。所以开始时我犯怵不敢接，坦白向蔡先生表示说我有很多情况不清

2012 年 8 月 25 日作者与蔡美彪先生在元代国家与社会国际学术研讨会上

楚，写不好。蔡先生鼓励我说"没关系，你先写，写完后有什么不清楚的地方我可以告诉你"。当时还没有互联网，个人电脑也没有，查找个东西非常困难。我努力搜集各方资料，多次去打搅蔡先生，先生不厌其烦地向我介绍情况，耐心地帮助我审读初稿，纠正文中错误。比如文章提到范老20 世纪 40 年代在延安求教于主席《中国通史简编》应该如何来编，一直搞不清主席是如何说的。蔡先生就明确地告诉我"毛主席不止一次对范老说，写中国历史要'夹叙夹议'，后来范老他的工作就是依照毛主席的意见做的"。《中

国通史简编》内容丰富，全书没有引文，不加注释，文字通俗易懂，非常适合普通工农干部补习文化知识，学习中国历史的需要。这也成了蔡先生主持续编的《中国通史》的重要写作风格。

蔡美彪先生为人民出版社社庆题词

文章几易其稿，直至蔡先生认为满意后，才最终交付朱绍侯先生。文章分三个部分：第一部分是全面介绍范老的基本情况，他的治学思想与治学态度，学术成就与在史学界的地位；第二部分是讲《中国通史简编》的成书过程、它的特点及不足；第三部分是介绍蔡先生主持的《中国通史》续编工作进展、学术成果、特点及全书规划，这也是第一次较系统地向读者全面介绍蔡美彪先生主持续编《中国通史》的一篇文章。这篇文章得到朱绍侯先生的好评，他在序言中说"当然也有几篇是年青同志写的，但是，他们都是在导师、老专家指导下完成的。也可以说'后来居上'，青年同志的文章质量也是高的"，文章收进其主编的《中国古代史研究入门》一书，由河南人民出版社 1989 年 1 月出版。说实话文章如果蔡先生自己来写，几天很轻松的就能搞定了。但是先生却让我来写，他既费劲，还耽误了很多自己宝贵的研究时间。这让我非常感动，也令我终生难忘。

2000 年人民出版社准备搞社庆，除了有关领导人外，还准备邀请一些与我社图书有关联的知名学者、作者为社庆题字、题词。我立刻想到了先生，《中国通史》早已享誉海内外，但先生的脾气向来耿直，轻易不愿为人题词作序，这次能不能为人民出版社写几个字呢？我心里没有把握。我 11 月 10 日先打电话与先生联系，向先生讲明情况，希望能为人民出版社的社庆留下一幅墨宝。没想到他丝毫没有犹豫，立即就答应了，并说下周联系。蔡先生把题字当作了一件很重要的事，写什么？怎么写？过了没两天，11 月 14 日即打电话给我，说已写好，我放下电话立即赶到所里，见到了蔡先生，他深情地对我说："人民社社庆这是大事，祝贺啊！我写了四个字'书林北斗'，你看如何？衷心希望人民出版社这块金字招牌能够越来越亮。"我说："太感谢了，这是您对我社的期望，也是对我们工作的一种激励。我们一定不辜负您对我们的厚爱和要求，努力为人民多出好书。"

三

2015 年 7 月 10 日，泸州《酒城新报》的记者魏敏和我联系，希望能帮助联系一下蔡先生，他们准备举办"古代西南丝绸之路专家大型考察活动"，已联合贵州遵义市政协文史委，邀请国内知名学术专家作为顾问和考察人员，拟对历史记载中的从四川泸州（合江）为起点，经过贵州、广西，在北部湾钦州出海的古代西南丝绸之路进行详细的历史考察，用田野调查、科学结论，来佐证该路线的确凿存在，并在历代发挥重要作用，为沿途地区进入中央"一带一路"总体规划进一步提供参考建议。拟请蔡先生作为学术顾问。14 日我专程到蔡先生家里，向蔡先生汇报了泸州方面的情况和邀请蔡先生当顾问的事。蔡先生问我的意见，我说这项活动很有意义，与中央的"一带一路"倡议建设规划是相吻合的。泸州市文化研究中心以南方丝绸之路研究中心名义，联合中国先秦史学会、贵州省文史馆等单位的专家学者开展南方古代出海丝绸之路考察，第一阶段已完成，马上要进行第二阶段，他们有积极性可以支持。他说"一般这样的活动挂名我都不参加"，后来他想了想又说，"你如参加我就参加，这项活动都是他们地方发起的，外地没人，我们俩一起参加吧"。后来我多次把泸州那边寄过来的材料转给蔡先生并通报他们考察的情况和成果。

2016 年 6 月 6 日泸州市文化研究中心负责人赵晓东、夏燕来京专门向蔡先生汇报丝绸之路西南线二期考察计划，重点是贵州境内的北盘江和南盘江，从金沙开始到达蔗香乡即北盘江、南盘江的交汇处。蔡先生听完汇报后很高兴，他说：你们在为地方学术作努力和贡献，我自当知无不言，也不需要你们任何报酬！唐蒙从泸州合江通夜郎寻找牂牁江水道到广州，两千多年学术界都没厘清具体走向，你们也不要

蔡先生关心地方史学的研究和发展，
与泸州来的赵晓东、夏燕讨论西南丝绸之路的考察

急于毕其功于一役。只要在努力，在认真研究，总有拨开云雾见天日的时候。他预祝他们二期考察能取得收获。赵总此时提出希望蔡先生能为二期考察团的团旗题字，以激励大家去更好地完成任务。蔡先生极少为人题字和写序，出于对地方史学的关心和爱护，蔡先生也是很爽快地答应了他们的请求。过了大概一周见没有动静，泸州方面他们不好意思直接打电话给蔡先生，就打电话找我，说考察团预定出发的时间马上就要到了，大家都希望能打着蔡先生题写的团旗出发，我很理解他们的心情。我到蔡先生家里，还不敢直接说泸州在催问题字的事，只是在聊完别的事后顺带提了一下，先生很认真地对我说，"我已好长时间不写字了，哪能提起笔就写呢？怎么也得练个十天半月的，手写开了才行啊！"这事虽是一件小事，但可看出，先生做事的认真，只要是答应的事从不敷衍。为了把字写好些，他提起久违的毛笔，认认真

真勤练十余天，直到恢复书法功底后，才挥毫写下了"西南丝路考察团"七个大字。然后打电话告诉我，说把题词简化了一下，我说这样更好。我去取回来，到家后立刻用相机拍下来，再转到手机上利用微信先将其迅速传到泸州去，以便赶制到即将出发的丝绸之路西南线二期考察团的团旗上。

蔡美彪先生为"西南丝路考察团"题字

是月底，我专程赶到贵州的都匀，在考察团的考察总结会上代表蔡先生到会表示祝贺，并将"西南丝路考察团"题字的原件交给他们。

对泸州市文化研究中心的各项工作，蔡先生都十分地关注。泸州市文化研究中心编辑出版的第一批、第二批"泸州全书"，通过我专门送给蔡先生。他兴趣盎然地逐一翻阅，对《泸州地方目录提要三十种》《川江地理略》《少岷拾存稿笺注》等学术研究著作给予了较高的评价：城市的文化根脉，除了能有活人对答，更要有记载永存。一个民族文化的根基，一种精神文明的传承，需要载体。他说"泸州全书"如果坚持下去，就愈能给这座城市带来更加文明的力量。

2021年1月14日，泸州市文化研究中心的赵总、夏总听到我转告先生去世的消息后，因无法来京，写下了《蔡美彪先生与泸州的学术情节——斯人不逝》一文，登载在他们（泸州市文化研究中心）的公众号上以作悼念。文章深情地说："蜀水长流，神臂低首。远处京华的蔡美彪先生因学术认同而钟情四川盆地边缘的酒城泸州，认同泸州从事学术研究的这个小小群体。当然我们更不会忘记您。不会忘记您对学术的热忱与执着，不会忘记您对学术的认真与付出，不会忘记您对学术的坚持与无畏。"

四

2011年后，我退休了，不久先生也随着年龄的增长，身体变差，去所里少了，我就开始经常去东总布胡同的家里拜访。蔡先生作为一个史学大家，中国社会科学院的名誉学部委员，经济收入还是可以的，但他从不乱花一分钱，一生简朴，每天的生活规律就是两点一线，从单位到家，上下班都是步行，要走40分钟，中午就在机关的食堂里打点饭，有时连晚餐也捎带上了。他家里的陈设非常朴素简单，家具也都很陈旧，几乎看不到现代的家装设备。如多来两个客人，就没地方坐了，只能搬个凳子。

蔡先生家里简朴的家具陈设

　　先生家里经常有客来访，作为礼节，来人总喜欢捎带点水果之类的东西，先生身体不好，血糖高。碍于情面，又不好明说拒绝。客人走后如何处理，就成了问题。一次我去他那里，他就跟我说，前两天南开李治安他们来，送的香蕉火龙果，扔了太可惜了，不要浪费，就把它们全吃了，血糖立刻就上来了，这一连好几天都感觉不舒服。我说："他们都是好意，但不了解您的身体状况，您自己也得多注意，这事您可明着告诉他们来时什么也别带，不行就送给院子里的邻居。"这事虽小，但体现了先生对来者的尊重和对食物的节俭，更体现了先生的为人品德与高尚。

　　2012年8月，元史研究会准备在南开大学召开"元代国家与社会国际学术研讨会"，给蔡先生发来会议通知，希望蔡先生能莅临。先生非常想回阔别多年的母校看看，天津虽然离北京不远，有高铁，上车半小时即到，但对一个80多岁，身体虚弱的老人来说却是一件非常困难的事。别说拿着行李奔火车站，即使空着手，两头都有出租车接送，也不行，因为上下车，进出站，上下楼梯，都是难题。他和我说："接到南开通知了，我很想去，多年没回南开了。但现在腿脚不行了，去不了啦。"我看到他脸上的无奈和遗憾的表情，安慰他说："没关系，只要您想去，我过来接您，咱们开车一起去天津，保证不让您多走路。"他思考片刻后终于答应了。天津的日子里，蔡先生的心情非常好，了结了多年想回南开看看的夙愿，还见到了许多学界的老朋友，这也是蔡先生生前最后一次到京外参加这样的大型学术活动。

蔡美彪先生与陈得芝先生、白翠琴先生合影（2012年天津）

蔡先生与先师范文澜一样，把金钱看得很淡。他一生那么多的著述，却极少主动申请课题经费和参与评奖。他几乎用毕生精力为之奋斗的鸿篇巨著十二册《中国通史》，总共仅申请了两万元科研经费。教育部曾将《中国通史》作为大学教材，拟给他一笔钱，都被他坚拒。当《中国通史》获得国家图书奖一万元奖金时，他将奖金平分给所有作者和参与者。这样的事例还有很多。他的一些做法，看起来有点不合时宜，却折射出思想境界与高尚风范。

2015年2月1日，已87岁的蔡先生向母校南开大学捐款了100万元，以其夫人名义设立"南开大学胡文彦助学金"，该助学金用于资助在南开大学就读的家境贫寒、学习刻苦、成绩优良的女学生。蔡先生与夫人胡文彦同为南开大学历史系1946级同班同学，几十年来二人相濡以沫，恩爱有加，情深逾恒。几年前夫人不幸早走一步，蔡先生决定在两人共同求学的母校建立助学金以示对贫困学子的关心，同时也是对爱妻的纪念。

蔡美彪先生与夫人胡文彦

2017年1月22日我去先生家，给他送泸州寄来的《泸州全书》，他看了很高兴，跟我说，"他们做了不少的事，很好"。接着就告诉我，"去年底，我去所里，中午吃完饭后准备回家，突然失去平衡摔倒在地，幸好是在单位的门口，马上被路人发现后告知所里被及时地送到协和医院，头被摔破缝了7针，住了十几天的医院回到家里。前两天不小心又摔了一跤，坐在地上不能动好几个小时，直到晓萌早上打电话过来才被发现。现在所里安排了护工24小时陪护我"。我听他讲完后心里非常地难过。我每次见到他都提醒要小心，岁数大了，身体也不好，自己一定要多注意，不要再去所里了，离得太远，有事可用电话联系。如想走的话，活动活动就在院子里，或家门口的附近走走，而且一定要有人陪着。我又与他身边的护工打招呼，请他多费心，一定要帮忙照顾好。

后来的一段时间，我又多次去家里探望他，希望他能多保重身体。一次与朋友们一起吃饭，正好遇到中国社会科学院院部的秘书长晋保平先生在座，我就向他提起蔡先生的状况，孤独一人，年事已高，身体又不好，还摔了几次，希望社科院的院部能够好好地关心一下蔡先生这个著名学者的个人生活问题。他说这是应该的，回去后就找所里商量，后来还通过朋友转告我，说所里已专门作了安排。

时间过得真快，转眼四十多年了，我平时喜欢摄影，这几年去先生那里，时常总要随手拍几张照片。后来我想虽拍了不少蔡先生的照片，但都是即兴随意拍的，应该为蔡先生认真地拍几张他能满意的。2015年7月中旬，我带着相机来到先生家里和先生说，我这次过来，想给您好好地拍几张照片，他听了很高兴，立刻正襟危坐，摆起了姿势想让我照，我看他严肃认真的样子，立刻说放松、放松，您随意，用不着紧张。我从各个角度拍完以后，回到家里，从几十张照片中精心挑选了一张自认为比较满意点的照片，拿到专门的图片公司洗印放大并镶上镜框后送给了先生，先生看了非常开心，放在家里显眼之处。

2015 年 7 月为蔡美彪先生在家中留影

2020 年新冠疫情暴发，要求居家隔离，各单位、小区也都封闭管理，禁止集结和走动串门，我不便再去登门拜访，只能通过电话不时地问候一下，先生耳朵有点背，需要借助助听器，平时交流起来比较困难。我知道蔡先生近年来身体不好，本想等疫情缓和好转点后，去家里看望，却不曾想先生这么快就离我们而去了，愿先生安息！先生的音容笑貌与他的著作、治学精神永存！

二〇二一年四月十七日于天津

应南开大学刘晓老师之约，将原在天津追思会上的发言稿（载《文史杂志》2021 年增刊）进行了修改补充，并增补了几张照片，作为对蔡先生的怀念之文。

二〇二三年三月十五日于京

附录：

从编辑走向学者

——访《元朝史》责任编辑陈有和

《光明日报》记者庄建、新华社记者李光茹

和陈有和谈话，话题不得不从"书"开始。一则是他编的书《元朝史》获得了中国图书奖，并名列榜首。二来，在他的生活中，书占有重要位置，尽管他今年只有37岁，可编书的历史已有12年之久。

当我们在人民出版社5楼的一间斗室中见到陈有和后，话题就从他编的《元朝史》开始。

"《元朝史》获奖，首先是书写得好，我所做的工作微不足道……。"平平凡凡的话，说得十分真诚，袒露了主人的胸怀。

"1983年初，几经修改的《元朝史》稿送到我手上。作为责任编辑，我立即被书稿中许多新鲜史料和精辟的论述吸引住了。"

原来这部书从组稿开始曾几经周折。主编韩儒林先生是我国元史研究的权威。早年留学欧洲，受教于法国著名东方学者伯希和。回国后，一直在南京大学讲授历史，尤为精通元史，著述颇丰。"文革"前韩先生就有将其 20 万字的《元朝史纲》讲义修改充实成书的愿望，出版社亦准备接受。无奈，一场动乱推迟了这项工作。1972 年，人民出版社向南京大学约稿，希望韩先生能出任主编。但囿于当时的形势，没能如愿，著述工作则更无从谈起。1977 年，出版社再次约稿，韩先生才在摆脱了困扰之后，担任了此书的主编。1980 年，《元朝史》初稿成就，并在当年 10 月成立的元史研究会上油印成册，分送代表，广泛征求意见，经修改后送到编辑部。

"在中国历史上，元朝首开少数民族入主中原成为统治者的记录。中国传统的旧史学一直视蒙古入主中原为'异民族统治，忽必烈所建立起来的元王朝则是一个黑暗的统治时代'。理由则是蒙古民族作为一个游牧民族，其经济、文化水平与当时中原发达的经济、文化是不相称的，落后民族统治先进民族必然带来矛盾，形成历史的倒退。事实果真如此吗？韩先生在他的《元朝史》中，用大量第一手史料，用确凿的事实祛除了民族的偏见。"说着，陈有和翻开了面前的《元朝史》，向我们介绍起韩先生精彩的前言。

韩先生在简要地追溯了唐朝中叶以后充满曲折和祸难的历史之后，写道："纵观这 500 年的历史，各族统治者为了争夺权力、财富和土地，残杀不休。土地荒废，人民流离，社会进步受到极大的阻碍，这种情况，对于胜利者或失败者任何一方的人民都是灾难。正是由于元王朝的统一，长达5世纪之久的割据对抗与破坏空前的战乱才得以终止。"元朝的皇帝是蒙古人，当中原的皇帝宝座上坐着一个少数民族皇帝时，有些人不加调查研究，一口咬定说这是黑暗的时代，这是不科学的。元朝的统一，结束了500多年的民族纷争和血战，使全国各族人民有可能在比较安定的环境中从事生产，发展物质文明和精神文明，这无论如何是历史的进步。"陈有和对《元朝史》的感情，对韩先生的尊崇之意溢于言表。谈起《元朝史》，他的话一发不可收。从元朝史研究的难度到目前我国元朝史研究力量的分布及主要学者所侧重的问题；从元朝中国版图的范围到东西方通道的打开，以及元代发达的漕运、海运，一一道来，俨然一位元朝史的执教者。

人们都说编辑是杂家，要求知识广博，而我们面前的这位年轻人，博中有专。"要当一个好编辑，既要眼界宽，又要步子扎实。杂中要专，博中求深。这样才能在编辑工作中有见解，有发言权，始终和作者、学术界保持密切的联系。"这既是他十多年编辑工作的体会，也是他实践的写照。从走上编辑岗位，经他手编辑的书籍已有50余种，数千万字。难能可贵的是他结合编辑工作，研究了一些问题，写出了数十篇文章和论文，发表在报纸和刊物上。这次采访中，我们有幸拜读了几篇他关于元史中问题的研究论文。在《〈元史·河渠志·济州河〉辨析》（载《南开大学学报》）一文中，他根据史实，对济州河的开凿人、地点、谁为济州河漕运使官等问题进行了辨析，提出了自己的看法，纠正了史书中不实的记载。史料确凿，分析入理。载于四川人民出版社《亚洲文明》论丛的题为《元代海上粮运初步研究》文中，他就元代大都的粮食供应问题、海运之创立及历年运数、海粮的作用与影响、元廷对海粮运输的管理、元航海技术的提高以及海运路线等进行了探讨。在陈述了令人信服的史实之后，提出了这样的见解："忽必烈统一中国后，为了巩固元帝国的统治，创立了海上粮运事业。它不仅解决了元大都的粮食供应问题，而且对南北方的政治、经济、文化的沟通和繁荣起了重要的促进作用，它与明朝'郑和下西洋'同等重要，在中国航海史上是影响最大、意义最深远的事件之一。"在《忽必烈侵日的原因及其历史影响》（载《南京大学学报》）一文中，陈有和树立了这样一个形象：一个青年编辑，无畏地向权威学者提出商榷。他在对中日两国历史状况进行分析之后，直言不讳地就忽必烈大举东征日本的原因与《元朝史》作者商榷。他认为"忽必烈对日本的东征，从性质上来讲，完全是由于其贪婪的野心而造成的。他要使自己成为天下唯一的君主，但日本却不甘屈服于他的脚下，奋起而抗之"。这一观点，与韩儒林先生在《元朝史》前言中所持"忽必烈借东征达到不杀降而降人自消的目的"的论点是相悖的。我们且不论谁之观点更正确，单就此事表现出的学术研究上的平等交往及严谨态度，也是值得称道的。正是因为如此，陈有和从一个知识根底尚显不厚的青年编辑，步履坚定地走向学术界，在学术研究中，已开始提出令同行们首肯的见解。

　　陈有和热爱自己的岗位，尽管为了工作他曾备尝艰辛。1972年，他从海军航空兵部队来到出版单位，被送入南开大学历史系学习。这正对他的心思：这个工人的儿子，喜欢历史。很快，三年多的大学生活结束了，他成了人民出版社一名编辑。毋庸讳言，他羽毛尚且未丰，要飞起来，还要经过磨炼。他自知，学习的任务仍十分艰巨。特别是每当听到社会上对"工农兵学员"的议论，看到那不理解的目光，他内心承受着重荷。他不敢有丝毫的怠慢，无论是对工作还是学习。他常和编辑岗位上的同伴们互勉，要自强、要奋斗，要挑起肩上的担子，腿不颤，腰不弯。他这样说，也这样做。十多年，他就是这样走过来的。他的业余生活，既缺少色彩，也不浪漫，说起来倒有点苦涩。每日下班，他都要晚走一些，继续伏在他那被书挤得满满的桌子上看一两小时的书，既摆脱了白日工作的喧嚣，又无家务劳动之累。晚上，等小女儿睡去之后，他就在13平方米的家中又开始自己的工作，直到深夜。慢慢地，他的腰有了毛病，有时疼得直不起来，别人劝他锻炼锻炼，他舍不得时间，时常，可恶的神经性头痛也来干扰他，他就常备些止痛药，不时抑制一下。对他来说，最"奢侈"的生活，是利用业余时间看点小说，或者填填词，作作诗，写写文章。这点雅兴，也完全是为了他那宝贝业务。因为他认为"文法、修辞、逻辑是一个编辑的基本功，常看小说能丰富语言，而作诗填词更能促使语言表达得精练和准确"。

　　就这样日积月累，他充实着自己，使自己在学业上不断进取。他编的每一本书，都是一座桥梁，使他和作者相识、相知，成为知心朋友。他们中有的年长，有的年轻，有的博学，有的诙谐风趣。每一部书，又都是一个阶梯，送他走入一片新天地。为了编好书，他涉猎了与历史学科相关的政治、经济、文化、民俗、宗教、地理等众多的领域，为当好编辑打下了较坚实的基础。

元史研究最大的难点是史料问题。除汉文外，尚有蒙、藏、波斯、阿拉伯、拉丁、俄等多种文字的史料。史料中的译名问题又很多，如不加考订，则难以获得准确的史实。这同时也给编辑工作带来了难度。书作者非常重视并直接利用丰富的域外史料与汉文史料进行比勘研究，并应用历史语言学的方法探讨译名还原和物名制度的渊源，全书引用中外文史籍资料多达320余种，使许多过去混沌不清的问题得到了澄清，不仅改变了我国元史研究的途径，也为以往出版的元史著作所从未有过。为了做好编辑工作，陈有和不仅翻阅了大量的史料，还注意虚心向周围的同志学习，向书作者请教。

辛勤的耕耘终于有了收获。他不仅逐一地解决了书中出现的误差，而且在对元史的研究上也有了新的收获。他在一篇文章中指出："元史学界长期以来十分重视蒙元前期的社会形态以及政治制度史的研究，受其影响《元朝史》对元朝早期的历史论述得非常精湛，但是对元中后期的历史相对来说就研究得较弱，特别是在元代的对外关系方面似乎缺乏自己的深入研究。另外在吸收国外研究成果方面还不够充分，一些最新的成果也还未能在书中及时地反映出来。"

在谈完了陈有和和他编的书之后，我们还想说点并非题外的话。在我们的出版社中，还有和陈有和一样的许多人，他们不负人民众望，不卸自己的责任，辛勤地在出版园地耕耘。在他们把精良的精神产品奉献给社会的时候，他们也需要得到全社会的关心、支持和爱护。他们需要继续受教育，不断更新自己的知识，他们需要一个起码的工作、生活环境，以期放下一张书桌，不受干扰地工作，他们中的许多人已染上了疾病，但工资偏低，生活拮据……帮助他们改变目前的窘态，该是领导者乃至全社会的责任，这样说不为过分吧。

原载《中国图书评论》，1987 年第 4 期。

陈有和蒙元史研究文章目录

马可·波罗没有到过日本,《北京晚报》1981 年 11 月 23 日
　　3 版。

《中国通史》第七册评介,《联合书讯》1983 年 12 月 15 日
　　第 41 期。

《中国通史》第七册评介,《人民日报》1984 年 1 月 6 日
　　5 版。

《中国通史》第七册介绍,《北京周报》德、英版第 8 期
　　1984 年 2 月 21、22 日版。

关于元代社会经济的讨论,《史学情报》1984 年第 2 期。

七百年前的一场中日大海战,《海洋》1984 年第 7 期。

元代航海灯标之设立,香港《华侨日报》1984 年 9 月。

新中国的元史研究集粹——介绍《元史论集》,《人民日报》
　　1985 年 3 月 25 日 5 版。

《元史·河渠志·济州河》辨析,《南开大学学报》1985 年
　　第 3 期。

忽必烈侵日的原因及其历史影响,《元史及北方民族史研究

集刊》第 9 辑 《南京大学学报》1985 年专刊。

近年来马可·波罗研究中的争论,《史学情报》1986 年第
1 期。

研究元史的重要参考书《元史三论》,《联合书讯》1986 年
6 月 15 日第 71 期。

元代海上粮运初步研究,《亚洲文明》创刊号四川人民出版
社 1987 年 8 月版。

一部运用马克思主义观点撰述的学术专著——《元朝史》
简介,《联合书讯》1986 年 10 月 15 日第 75 期。

一部通俗易懂的学术专著《匈奴通史》,《联合书讯》1986
年 11 月 15 日第 76 期。

我国史学研究领域的一大硕果——评断代史新著《元朝
史》,《人民日报》(海外版) 1987 年 1 月 8 日 2 版。

元史研究的代表性成果——简评断代史新著《元朝史》,
《史学情报》1987 年第 1 期。

史学研究领域的新硕果——简评《元朝史》,《红旗》1987
年第 22 期。

新书介绍:《元朝史》,《中国出版年鉴》(1987)。

元朝皇陵何处觅,《人民日报》 (海外版) 1988 年 8 月
17 日。

《元史·河渠志·济州河》辨析,《中国蒙古史学会学术论
文选辑》(1985),内蒙古人民出版社 1988 年出版。

发达的元代中西文化交流,《中国的世界纪录》(历史卷),
湖南教育出版社 1990 年出版。

世界奇观——《马可·波罗游记》中的元代中国 《中国的

世界纪录》（历史卷），湖南教育出版社 1990 年出版。

元世祖忽必烈——世界上杰出的政治家，《中国的世界纪录》（历史卷），湖南教育出版社 1990 年出版。

元朝皇陵何处觅，《历史之谜》，人民日报出版社 1991 年出版。

论忽必烈时期的几次对外战争，《中国史论集》，天津古籍出版社 1994 年出版，《新华文摘》1995 年第 1 期转载。

成吉思汗，《中华风云人物通览》（辽宋夏金元），武汉出版社 1996 年 12 月版。

窝阔台，《中华风云人物通览》（辽宋夏金元），武汉出版社 1996 年 12 月版。

蒙哥，《中华风云人物通览》（辽宋夏金元），武汉出版社 1996 年 12 月版。

忽必烈，《中华风云人物通览》（辽宋夏金元），武汉出版社 1996 年 12 月版。

丘处机，《中华风云人物通览》（辽宋夏金元），武汉出版社 1996 年 12 月版。

"忽世歹"考，《元史论丛》第九辑，中国广播电视出版社 2004 年出版，《新华文摘》2004 年第 23 期转载。

成吉思汗文化遗产的传承与开发，《成吉思汗文化与伊金霍洛——伊金霍洛 2010 成吉思汗文化论坛文集》内蒙古大学出版社 2011 年 1 月版。

成吉思汗与伊金霍洛的文化经济，《西部大开发》2011 年第 12 期。

我与《元史三论》，《杨志玖教授百年诞辰纪念》，天津古籍出版社 2016 年出版。

编辑出版工作中的"回回"问题，《"色目（回回）人与元代多元社会国际学术研讨会暨 2019 年中国元史研究会年会"论文集》。

我与蔡美彪先生的几件往事，《文史杂志》2021 年增刊。

《蒙元帝国》审读意见[*]

蒙古史、元史是一门世界性的学术课题，一是语言，一是史料，很多人视为畏途，不敢或不愿涉足这一领域。所以，至今研究这一学科的学者在国内也不足千人。朱耀廷先生在这一领域已涉足多年，能编出一本图文并茂的通俗读物贡献给广大读者是件好事，应积极支持。《蒙元帝国》一稿粗粗阅过，谈几点意见：

一、书稿是在其讲稿的基础上，添加图片形成的，因此全书的架构逻辑性不强，文字也不够严谨。书名《蒙元帝国》，应该就是讲的蒙古、元朝的一段历史，但从书目来看，却是一部蒙元帝王的更替史、战争史，看不清这一时期完整的社会、经济、文化的发展变化，仅突出了一个"帝"字。

二、名曰插图本，实际上大量的图片是剧照或是其他书

＊ 此文是本书作者为一篇书稿撰写的审读意见，内容涉及蒙古史、元史及出版工作中的诸多敏感问题，体现了编辑工作的重要性和高水平专业知识储备的必要性，故特例收入本书中。

里的图片剪影。在一部讲历史的书里是不应该这样出现的，也是不严肃的。可以放文物图片，也可放考古发掘的图片，但决不应放虚构的影视作品来误导读者。

三、蒙古史、元史的人名地名比较特殊，译成汉字时每人的发音都有不同，是可以理解的。但一些主要的人名、地名经过多年的研究，学界已形成共识，就有如"斯大林"不要再翻成"史太林"一样。特别是一本通俗读物，面向广大的普通读者，更应在人名地名上同国内已经出版的重要史料和著作保持一致。

四、元是中国历史上第一个由少数民族入主中原后建立的封建王朝。成吉思汗的历史功绩应该值得去大肆颂扬。但是我们也不应回避在战争中蒙古军队对人民的野蛮屠杀和掠夺。不要让读者看后觉得这是一场很轻松的、很浪漫的战争。"胜者王侯，败者贼"，不应简单地去看待历史上的人和事。实际上，早期的蒙古军队是以复仇、掳掠、烧杀为目的的，并没有多少远大的政治抱负。

五、稿中人名、地名下画线不准，字体不统一。有的画有的不画，另这一做法也并不可取，版面显得很乱。

六、时间标注不统一，史书资料记载的时间均为古历即今天的农历。所以稿中的月份时间均应用汉文数字标出，不能用阿拉伯数字。现稿中是混标。

七、书稿引用史料及文字错漏之处还很多，另所附地图应与所述文字相统一。

八、因是一本通俗读物，最好不要采用引文。有许多话也没有必要用引文，书稿中的许多引文，我认为用自己的话是完全可以表达清楚的。如要用，最好把所引之书与作者标示清楚，引文必须准确无误，不应随意增删文字，以便读者能去查阅或引用。

九、同样，书尾的附录：参考书目，也没必要，一般读者不需要。所用引文的后面注明出处即可，想看的自己会去找。

十、编辑加工工作要做细，常识性的问题不应错，注意尤其不要把对的改错了。勾画符号要规范、准确。

总之，此书有一定基础，可以出版，但必须要做很好的修改和编辑加工。具体意见见编辑加工记录。

编辑加工记录

书首 两幅人物图片来自一个地方，文字说明却两种标注，应统一。

目录 显得很乱，无章法，逻辑性不强。"元世祖建国定制"将被学界作为笑谈。"世祖"是忽必烈死后，后人对他所尊封的庙号。此处应改为"**忽必烈建国定制**"。

序言

P5. 1：蒙古民族："**在历史上它却长期不为人所知**"一语不妥。自11世纪以来，蒙古民族不但为中华民族熟悉，而且也为西方各国所熟悉，从《蒙古秘史》《圣武亲征录》、李志常《长春真人西游记》《元史》、陈邦瞻《元史纪事本末》、彭大雅徐霆《蒙鞑备录》、到清末的《蒙古源流》《新元史》等，从意大利人的《马可·波罗游记》、拉施特《史集》到志费尼的《世界征服者史》《多桑蒙古史》等，各种史料成百上千，到近代更是不胜枚举，至于在民间的影响力其大就更不必多说了。就连日本二战时偷袭珍珠港的空军敢死队都被命名为"神风突击队"，寓意"神风"会再一次地保佑日本帝国的胜利，就是起源自元朝军队当年攻打日本遇飓风全军覆没之事。

P1.4-5：讲"**包括中国境内……中国境外的……**"不妥。中国今天的疆域是历史的发展逐渐形成的，各个时期它的疆域不同，不要用今天的疆域去简单地套历史，要说就讲东到哪，西到哪，北到哪，南到哪即可。

P6："**但直到今天还很少有人编写一本全面介绍蒙元历史的揭示历史发展规律的通俗读物**"，所说非也！很多学者都在致力于蒙元史知识的普及。远的不说，80年代初就有南京大学邱树森先生的《元朝史话》（中国青年出版社），周良宵先生的《忽必烈》、陈高华史卫民先生的《元上都》（吉林教育出版社），以及内蒙古人民出版社的《蒙古族简史》。1985年、1998年中华书局的《文史知识》还先后专门两次为普及蒙元史知识出版了专刊，"试图从不同的角度、不同的层面尽可能全面地反映元代的历史与文化。"

第一部　百年大战

P7：页末讲述额尔古纳河的一段，是引自拉施特《史集》第一卷，此处应注明是传说，以免误导读者。

P7-8：第一、二、三节的所述都是传说，可以说蒙古族在朵奔篾尔干诸子征服兀良合氏之前（公元900年左右）

是无信史可言的。专家学者一般均不看重这些。

P12："**想昆必勒格（'想昆'即'详稳'）则是辽朝更高一级的官员**"不准。"令隐"（领忽）是辽朝授予草原小部族首领的官号，"想昆"是辽朝授予草原大部族首领的官号。

P13："**屯必乃逐渐闻名于世**"用词不妥。他只是在部落的争战中出了名而已，离"世"远着呢！应将"世"改为"草原"。

合不勒可汗"**他组成了蒙古部最初的国家政权**"，提法不妥。"可汗"是"最高统治者"之意，但此时的合不勒可汗只是蒙古部族中一个分支的最高首领而已，下一段文中的"立国称汗"更谈不上！

P14：其父"**也速该巴特儿**"应改为"也速该把阿秃儿"。也速该他不是汗，"把阿秃儿"只是部落首领的尊称，意思为"勇士"。部族内部各支间互相争权夺利，已多年选不出一个汗来了。《元朝秘史》最久远，汉语标注得也最为准确，故史学界均以此书中名为准，见道润梯布《新译校注蒙古源流》（内蒙古人民出版社），拉施特《史集》（商务印书馆）。

"**也客赤列都篾儿乞部部长脱脱的堂弟**"中的"部长"，史料中从没有那么称呼的！应改为"首领"。

P15："**抚育教养了几个名扬古今的后代**"，不通。将"名扬古今"改为"彪炳青史"。

"'**兀鲁思**'含有'国家、国民、小邦、分地'之意，当时在蒙古草原已逐步形成五个初期的国家政权：塔塔儿……"在 12 世纪末，蒙古高原上的部落有近百个，其大小，强弱都不相同，其中塔塔儿……几个势力较大，但都是金朝的属部，不能说成是"国家政权"。独立的部落与国家政权是两码事，不是一个概念。

P17："无力阻止他"应改为"无力阻止它"。

"务色一位合适的媳妇"应改为"物色一位合适的媳妇"。

P18："留下一从匹马作聘礼"，不通。据史料这里应该是留下一对好马"双马"作为聘礼，见《蒙古源流》。

"肚子难爱"应作"肚子难受"。

缺文稿 P20 页

P21："塔儿忽台"，编辑改成"塔里忽台"，与 P19 页不一致。

P22："射雕英雄的名声从此传遍草原内外"，此句同上文字无法衔接，整个这一节的文字印证体现不了"射雕英雄"这一美名。

P24："它不能只凭……"应改为"他不能只凭……"

"王汗"应改"王罕"。克烈部的首领，此处的"罕"与"管理全蒙古部众的汗"不一样。克烈部、塔塔儿部与蒙古部是并列的草原三大部落。

P22："札木合同王汗一样也是蒙古史上的名人"不妥。"王汗"学界一般均称"王罕"，后各页应统一，见 P109；王罕不属蒙古部，是与蒙古族并列的草原部落首领。此时的蒙古部族势力及影响并不大，远远不如克烈部。

P25："这些人拥立铁木真称汗以及后来统一蒙古、南征……"用语不妥，应改为"这些人拥立铁木真称汗以及后来统一漠北、南征……"蒙古在当时只是一个部族的称号，不是地区的称号。

P26："大概在1183—1184年之间……推举铁木真为乞颜部的可汗"，据《蒙古源流》铁木真第一次被推举为可汗的时间是在己酉年，即1189年。

P28："札兀惕忽里意为 群统领"应为"札兀惕忽里意为 军统领"。

P31：一道军令"若至原排阵处，不翻回者斩"有误。应"若至原排阵处不战回者，斩"。此处是引《元朝秘史》所记录的"札撒"，即规定、法规，亦可称军令。最好在军令后用括号加注。

P33："班朱尼小湖为黑河"，班朱尼不是湖而是河，湖和河是有区别的，应改为"班朱尼河为黑河"。

P37："扎撒"应为"札撒"。后各页同。

P42："因此冯钧认为……"，突然出现此人显得太突兀，一般读者不知此为何许人也。应去掉。

"金真主永济……"，应改为"金完颜永济……"或"金主永济"。

P43：图所标金统帅"完颜承裕"与文字表述不一致，应统一"完颜胡沙"。

"会河川""会河堡"错，应改为"浍河川""浍河堡"。

P46："金朝北京（今辽宁宁城县西北大明城）"错。应是在今内蒙古宁城县西。

蒙古灭金的战争是残暴的，这时的蒙古军队是以掳掠、烧杀为目的，"凡破九十余郡，所过无不残灭，两河、山东数千里，人民杀戮几尽，金帛子女、牛羊马畜皆席卷而去，屋庐焚毁，城郭丘墟矣"（建炎以来朝野杂记）。"尸积数十万，磔首于城，殆与城等"（陵川集）。作者只用"纵兵抢掠""吏民死伤无数"来轻描淡写地说一两句是不够的。

P49：此页几处**铅笔所打**"?"都是对的，没错！作为编辑，这样的常识应掌握，不懂应先找点书看，不要随意画。

P53：引用的耶律楚材的**诗作**有误，请核。

P57：**下画线文字**与正文的文字不统一，与前后页也不一样。应统一。

P58：耶律楚材"**其父耶律履在金章宗时位至副宰相——尚书左丞**"，错。应位至"尚书右丞"，见《元史》。

P71：1229 年 10 月……"**第二年正月，金军在完颜和尚率领下在大昌原打败蒙军，解庆阳之围**"。大昌原之役应在 1228 年，请核。

P72：所附"**窝阔台汗征南宋的战争**"图，与此页所述的文字没有任何联系，应注意图文的结合。

P77："**北京大学教授余大钧先生翻译的《蒙古秘史》更为详细地记载了拖雷之死的过程**"措辞不对，是《蒙古秘史》记载了，而不是余先生翻译的书记载了！《蒙古秘史》有很多的校刊本，你可以引用某人的本子，但不能说他的本子就"更为详细地记载了"，别人的本子就不详细！

P79：引《史集》"术赤的儿子们拔都、斡答儿、昔班……"错，应为"术赤的儿子们拔都、斡儿答、昔班……"。

P85：原文"**看作是一场天灾**"，红笔改成"看做是一场天灾"错，原文是对的，不应改。

P91：全稿前后都将选汗大会称为"忽里台"，但第四段引文字中出现了"**忽里勒台**"，一般读者看不懂，虽是引文，但也应在其后加一括号注（即忽里台）。稿中类似情况还很多。

P95：第25行的"**土蕃文**"，同上。与前后的"吐蕃"不同。

P97-101："**纽林**"应改为"纽隣"，"**木哥**"应改"莫哥"。《元史》等重要史料均作"纽隣""莫哥"。后同。

P108：第19行"**上集我们讲过**"应删掉，这不是电视讲课，而是一本通俗的历史读物，可改为"前文已述"。

P110：倒数第13行前引号错成后引号。

倒数第12行"**即坚决打击以权谋私的行为，打击当时的蒙古贵族及色目贵族；**"这种提法不对，作为自己的政权怎么能打击自己人呢？应该改为"即坚决打击那些以权谋私的蒙古贵族及色目贵族；"。

P120："**……将一些边疆地区正式纳入中国版图**"提法不妥，一是：既然是"边疆"，就是你的，不存在正式不正式，四大汗国如果被后代王朝承继下来，你也能说那是我的边疆地区被正式纳入版图？二是：授人以柄，那本不是你的，是武力掠夺来的。改成"……将一些周边地区正式纳入中国版图"。

P123：标题"一是采取了采取了'长围而缓攻'的作战方略"，多了几个字，应改成"一是采取了'长围而缓攻'的作战方略"。

P124：第 8 行"蒙元围攻襄阳……"，此时元王朝已经建立，应改为"元军围攻襄阳……"。

P130：第二行，红笔改错。这里将"今云南地区尚有一个割据了数百年的白族段王爷的大理国"一句加上括号更加错误，变成 21 世纪的今天依然存在，这怎么能行？应该改成："在当时，今天的云南地区尚有一个割据了数百年的白族段王爷的大理国"。

"忽必烈皈依佛门"提法不妥，更是错误的，忽必烈崇佛，但从没皈依过佛门，他和历代统治者是一样的，只是利用佛教来麻痹人民巩固其统治。虽受"灌顶"，只是互相利用的一种形式，可改为"忽必烈尊崇佛教"。

P133："忽必烈皈依佛门"，同上。

P136：第 5 小节，文字要注意，此时尚是蒙古政权，要到 1272 年称元改制后，才能提"元朝"。

第二部　大元王朝

P145-146：调整较大，注意标题的改动。是"大元王朝的首都"还是"大元王国的首都"？

P152：第 5—14 行，这里是讲元大都的宫城，不应扯上明清的宫城，删掉为好。

P145-159：对元大都的宫城建设竟然用了十四页的篇幅来介绍是否有必要，与全书的内容结构不成比例。

P165：讲北方诸王"**他们仍然与元朝处于战争状态**"，这里提法错误，不应用"元朝"。因为是"内乱"，是内部的权力之争，而不是两个国家的关系，所以应该改为"中央政权"。

P171："**宣政院管理佛教和吐番事务**"错，应是"宣政院管理佛教和吐蕃事务"。

P174："**和世束**"应改为"和世㻋"。后面还有多处，全书应统一。

P175：第13行，"**起来越少了**"错，应是"越来越少了"。

P180："**致使铁木鬼神儿不仅得不到……**"错。应为"致使铁木迭儿不仅得不到……"。

P182：这里谈到"**农民起义**"，这已是过时的用语，现已不提这个词，可改用"农民暴动"。

P191："**惟铁木迭儿之子锁南决定叛处流放**"，"叛"字错，应改"惟铁木迭儿之子锁南决定判处流放"；另此话根据何在？《元史·泰定本纪》已明确说"其子锁南……遂并伏诛"。上面2行也说"诛逆贼……锁南……等于行在所"。

P200：2行，"**布泰定帝的继位……**"，删多余的"布"。

P202：同P130，忽必烈崇佛，但从没皈依过佛门，是相互利用而已。

P215-217：用那么长的篇幅和那么细致入微地描述元顺帝的荒淫情景，作为一种大众普及读物是否合适？

第三部　四大汗国及诸王之叛

标题应与目录一致，要改都应改。

P6：第五段"**当时，成吉思汗的后人已经在中国遭到驱逐**"不妥，应改为"当时，成吉思汗的后人在中国的元王朝已经被明朝取代"。

P10："**笃哇内附**"段与前成宗的叙述（P166）内容上重，可以说，但注意文字的雷同。

P17：倒四行，"**甚至在罗斯的……**"，应该是"甚至在斡罗斯的……"。

P18：讲到海都之乱，与前忽必烈攻宋一段有重，整个四大汗国部分都有这个问题，把握好前后的轻重比例。

P29-30：对穆斯林注意不要用"**暴力**""**疯狂的**"等字眼，这里可直接删掉。

结束语

最后一段，对"**元朝作出的主要贡献**"的评价，"**它超越了先前所有的少数民族政权匈奴……，超越了蒙古汗国的四大可汗成吉思汗、窝阔台、贵由、蒙哥，甚至超过了秦皇、汉武、唐宗、宋祖**"。比喻得不合适！第二个"超越"，怎能用一个朝代与一个人去比呢？每一个历史人物都在不同的时间段里作出了自己独特的贡献，都是不可互比的，何况是和一个王朝比！

　　另对蒙元的贡献只是看重其对国土的扩张上，而对其打通中外陆路和海路的交通，促进中外经济和文化交流的贡献基本没说，驿站、海运都是此时发展起来的，火药、印刷术也是这时传到西方去的。

　　　　　　　　　　　　　　　　　　陈有和

　　　　　　　　　　　　　　二〇〇九年十二月十日

后　记

　　从事编辑出版工作已整整 50 年，因为开始是在编辑室里当编辑，上大学时重点学的又是中国历史，所以与许多学者联系交往颇深，尤其是蒙古史、元史研究领域就更加密切，如一代大师翁独健先生、韩儒林先生、杨志玖先生、蔡美彪先生等这一领域的大家，都曾当面聆听过其教诲。日久天长，耳濡目染，自己也开始对蒙元史的研究产生了浓厚的兴趣。

　　20 世纪 80 年代初，中国的经济随着改革开放开始发生质的飞跃，中国的社会科学研究也开始出现了令人欣慰的新气象，中国蒙古史学会、中国元史研究会先后成立，我是首届会员。在大师们的引领下，在众多的学友帮助下，我深陷蒙元史研究领域之中，积极参加学会举办的各项活动。与此同时，作为一名出版工作者，我责编了韩儒林先生主编的《元朝史》、南京大学元史研究室编辑的《元史论集》、杨志玖先生的专著《元史三论》、蔡美彪先生主编的《中国通史》（七）、林幹先生的专著《匈奴史》、魏良弢先生的专著

《西辽史》等一批蒙元史著作，较好地反映了新中国成立以来我国元史、蒙古史学界的最新学术研究成果，产生了良好的社会效益与经济效益，其中，《元朝史》获得全国出版界首届"中国图书奖"。我也对蒙元史研究领域里的一些问题有了自己的见解。

我知道当一个编辑容易，但做一个好编辑却很难。白天的本职工作很繁忙，不敢有丝毫的懈怠，我只能充分利用晚上和珍贵的节假日休息时间将自己的思考与心得形成一篇篇的文章。蒙元史学研究是一小众的学科，放眼全国也没有多少学者来研究，但它又是中华民族历史进程中一个非常重要的阶段，值得在其中细细地耕耘。即使在前往山西夏县挂职扶贫的一年多期间，我还敏感地对当地的一块元代墓碑进行了深入的考察研究，形成论文《"忽世歹"考》发表在专业杂志《元史论丛》第九辑上，通过对"忽世歹"的考证，我提出了这样一个新观点，"为什么在蒙古的开国初期，会对有功的蒙古人赐以汉姓？而且葬地有墓冢，有墓碑，有甬道，有石人石兽，与汉人墓葬几无二致？这是否能说明，在有元一朝，虽有蒙、色目、汉、南四等人的严格等级区别，但民族间的大融合早在蒙元之初已经悄然开始了"。《新华文摘》2006年第23期给予了全文转载。

转眼几十年过去，我几乎没有一天是在夜晚12点以前上床入寝的。我知道，要想做好任何一件事，没有艰苦的努力和辛苦的付出是不可能实现的，当然更离不开恩师杨志玖、蔡美彪、邱树森、陈得芝、陈高华、杨纳等先生们的指点与提携。自己虽无法与专业学者相比，但回首清点一下这

222

些年所公开发表过的东西，大大小小也有数十篇之多，其中一些研究和观点得到了学界的认可和重视，作为一名业余学者应该还是欣慰的。

现从已发表的作品中遴选出 17 篇辑为《蒙元史研究探微》，另附上发表过的文章目录，和新华社、光明日报记者当年的一篇联合采访，以及一篇有典型意义的书稿审读意见，也算是对我这么多年研究和探索蒙元历史的一个自我小结吧。个别文章，因发表年代久远，不妥之处略作修改。合适与否，当留给读者批评。

最后，感谢人民出版社诸位领导对拙作的认可，感谢编校人员的认真负责，感谢好友韩志远先生为本书的热情作序。

陈有和

二〇二三年七月二十日

责任编辑:侯俊智

助理编辑:袁　华

封面设计:王春峥

责任校对:秦　婵

图书在版编目(CIP)数据

蒙元史研究探微/陈有和 著. —北京:人民出版社,2023.12

ISBN 978 - 7 - 01 - 025528 - 6

Ⅰ.①蒙…　Ⅱ.①陈…　Ⅲ.①蒙古族-民族历史-研究-中国②中国历史-研究-元代　Ⅳ.①K281.2②K247.07

中国国家版本馆 CIP 数据核字(2023)第 188259 号

蒙元史研究探微

MENGYUANSHI YANJIU TANWEI

陈有和　著

人民出版社 出版发行

(100706　北京市东城区隆福寺街 99 号)

涿州市旭峰德源印刷有限公司印刷　新华书店经销

2023 年 12 月第 1 版　2023 年 12 月北京第 1 次印刷

开本:880 毫米×1230 毫米 1/32　印张:7.25

字数:145 千字

ISBN 978 - 7 - 01 - 025528 - 6　定价:35.00 元

邮购地址　100706　北京市东城区隆福寺街 99 号

人民东方图书销售中心　电话 (010)65250042　65289539